L'AMI *des* ARBRES

L'AMI *des* ARBRES

Alain Sallard

BORDAS
Nature

Conception et direction d'ouvrage
Sylvie Daumal

Conception de maquette
Marie-Astrid Bailly-Maître

Mise en pages
Abigaïl Nunes et Inès Bastos

Dessins en noir et blanc
Alain Sallard

Dessins en couleur
Gilles-Loïc Lucien

Fabrication
Ingrid Bœringer

Photogravure
Nord Compo

Directeur éditorial
Jean Arbeille

Achevé d'imprimer en mars 1996 sur les presses de Graficromo (Espagne)

ISBN : 2-04-027085-X
Dépôt légal : mars 1996

S O M M

LA VIE DES ARBRES

Introduction 8
La législation 10
Qu'est-ce qu'un arbre ? 12
- La vie des plantes 12
- Les arbres, plantes ligneuses 16
- L'arbre et l'espèce 20

L'arbre dans son mileu 22
- L'adaptation de l'arbre 22
- Le sol 26

La reproduction 28
- La reproduction de l'espèce 28
- La reproduction végétative 30
- La reproduction sexuée 32
- Les adaptaions reproductives 34

LA GESTION DES GRAINES

La graine 38
- Qu'est-ce qu'une graine ? 38
- Les types de graines 42
- La maturation 48
- La dormance 50
- La germination 51

La récolte 52
- Les préliminaires 52
- Les types de récolte 54
- Le transport 56
- Le nettoyage 57

L'extraction 58
- Le séchage des fruits ligneux 58
- Les techniques d'extraction 60

La conservation 64
- La teneur en eau 64
- La prévention des maladies 65
- L'entreposage 66

La pré-germination 69
- La stratification 69
- Autres traitements 70
- Les tests de germination 71
- Les techniques de test 72
- Les graines inconnues 74

Le semis d'intérieur 75
- Le sol naturel 75
- Le terreau d'empotage 76
- L'ensemencement 77
- L'entretien 80

Le semis d'extérieur 82
- L'ensemencement 82
- L'entretien 84
- La plantation définitive 85

AIRE

PORTRAITS D'ARBRES

Sapin pectiné	88
Érable plane	90
Marronnier commun	92
Ailanthe	94
Aulne glutineux	96
Bouleau verruqueux	98
Libocèdre	100
Charme commun	102
Châtaignier	104
Cèdre de l'Atlas	106
Arbre de Judée	108
Cyprès de Lawson	110
Cyprès	112
Plaqueminier	114
Hêtre	116
Frêne commun	118
Gingko	120
Houx	122
Noyer royal	124
Genévrier de Virginie	126
Mélèze d'Europe	128
Tulipier	130

Magnolia à grandes fleurs	132
Pommier sauvage	134
Mûrier noir	136
Épicéa commun	138
Pin maritime	140
Platane	142
Peuplier tremble	144
Merisier	146
Sapin de Douglas	148
Chêne pédonculé	150
Robinier faux-acacia	152
Saule blanc	154
Séquoia géant	156
Sorbier des oiseleurs	158
If	160
Thuya géant	162
Tilleul à petites feuilles	164
Orme champêtre	166
Autres espèces	168

ANNEXES

Glossaire	172
Arborétums et parcs à visiter	178
Index	179
Remerciements et crédits	184

LA VIE DES ARBRES

Sèche et minuscule, une graine est pourtant bien
vivante et destinée à devenir un arbre
qui nous dépasse et nous survit.
Connaître l'arbre et sa façon de vivre
permet de mieux gérer ses semences,
pour produire des semis utiles et vigoureux.

INTRODUCTION

Planter un arbre est un cadeau pour les générations futures. C'est l'espoir et la promesse d'un monde meilleur. Par l'air qu'il purifie, par l'harmonie qu'il inspire, l'arbre devient aujourd'hui plus valorisé vivant que ses produits dérivés.

L'HOMME ET LES ARBRES

Le bois nous entoure tout au long de notre vie. L'idée de l'arbre est gravée dans notre imaginaire et nos mythologies. Matière première de nos objets, source de nos fruits et de nos médicaments, l'arbre nous suit dans notre évolution depuis de nombreux milliers d'années.

LES RECORDS PLANÉTAIRES

C'est parmi les arbres que l'on trouve les êtres vivants les plus grands, les plus vieux et les plus gros. Le plus grand est un séquoia californien dépassant 110 m de hauteur. Le plus vieux est un pin (*Pinus aristata* Engelm.), lui aussi californien, qui serait âgé de plus de 4500 ans, bien qu'il mesure moins de 13 m de hauteur. Le plus gros était un châtaignier sicilien dont le tronc avait une circonférence de 57 m. Le plus étendu est un banian indien, dont les branches couvrent 2 hectares.

Il faut parfois longtemps pour qu'un petit arbre devienne grand. Dans le parc national des séquoias, en Californie, le général Sherman, vivant depuis 2500 ou 3000 ans, pèserait plus de 1300 tonnes.

L'ARBRE ET LE TEMPS

Si l'arbre a la capacité de transcender le temps, il ne pousse que très lentement. L'arbre instantané, gonflable ou déshydraté n'existe pas, et le temps conserve ainsi l'attestation de son caractère sacré. Devant la graine qui germe, vous ne pourrez que vous armer de patience et de philosophie, mais le plus long des voyages ne peut commencer que par un premier pas. Nous espérons que *l'Ami des arbres* saura vous guider.

LA LÉGISLATION

Les pépiniéristes et horticulteurs professionnels sont régis par des lois récapitulées dans le *Recueil de réglementation des matériels forestiers de reproduction* (CEMAGREF, note technique n° 3, octobre 1994). Sachez que la législation, qui réglemente la commercialisation des semis, des boutures et des semences, ne s'applique qu'au-delà de certaines quantités et que la notion de commercialisation inclut la récolte, le transport et le traitement, en vue de vendre ou de céder gratuitement. Sachez aussi que l'arbre et ses productions ont toujours un propriétaire.

LES CATÉGORIES

Il existe trois catégories d'essences commerciales. Les essences principales doivent provenir de vergers spécifiques. Leur commercialisation est strictement contrôlée, au moyen d'autorisations, de contrôles et de scellés des lots. Les

ESSENCES PRINCIPALES

Le seuil commercial est fonction du poids du lot de graines.
Cèdre de l'Atlas (*Cedrus atlantica* Manetti) : –
Cèdre du Liban (*Cedrus libani* (G. Don) Loudon) : –
Chêne pédonculé (*Quercus robur* L.) : 3 kg
Chêne rouge (*Quercus rubra* (Duroi.) L.) : 3 kg
Chêne sessile (*Quercus petraea* Liebl.) : 3 kg
Douglas vert (*Pseudotsuga menziesii* (Mirbel.) Franco) : 25 g
Épicea commun (*Picea abies* (L.) Karsten) : 15 g
Épicéa de Sitka (*Picea sitkensis* Trautv. et Mey.) : 15 g
Hêtre (*Fagus silvatica* L.) : 1 kg
Mélèze d'europe(*Larix decidua* Mill.) : 15 g
Mélèze du japon (*Larix leptolepsis* Gord.) : 15 g
Merisier (*Prunus avium* L.) : 250 g
Peuplier (*Populus x euramericana* (Dode) Guinier, *Populus deltoides* Marsch., *Populus trichocarpa* Torr et Grey, *Populus trichocarpa x deltoides*) : –
Pin d'Alep (*Pinus halepensis* Mill.) : 25 g
Pin maritime (*Pinus pinaster* Aït.) : 100 g
Pin noir (*Pinus nigra* arn. ssp. *nigricans* Host, *Pinus nigra* arn. ssp. *laricio* Poir. var. *corsicana* Loud., *Pinus nigra* arn. ssp. *laricio* Poir. var. *calabrica* Delam.) : 25 g
Pin pignon (*Pinus pinea* L.) : 100 g
Pin sylvestre (*Pinus sylvestris* L.) : 15 g
Pin Weymouth (*Pinus strobus* L.) : 25 g
Sapin pectiné (*Abies alba* Mill.) : 250 g

essences secondaires doivent provenir de régions définies. La commercialisation se fait sous emballage avec une fiche descriptive, mais sans autorisation ou contrôle. Finalement, les essences marginales (toutes les autres) sont commercialisées sans restrictions.

UTILISATION PAR LE PARTICULIER

Le particulier qui reconstitue sa forêt propre avec ses propres semences, sans déplacements sur la voie publique, est en marge du champ d'application de la loi, comme le pépiniériste amateur qui récolte ou traite en petites quantités. Sachez qu'il relève de votre préfecture de vous guider vers l'organisme approprié pour obtenir des informations ou des autorisations si vous devez dépasser le seuil commercial pour une essence principale ou secondaire.

RECOMMANDATION

La législation, évolutive, s'appliquait à une quarantaine d'essences forestières à la parution de ce livre. Plutôt que la récolte, nous suggérons pour ces essences, particulièrement dans un contexte de reboisement, l'achat chez un marchand grainetier de semis ou de semences certifiés, afin d'assurer la qualité génétique du patrimoine forestier français.

ESSENCES SECONDAIRES

le seuil commercial est fonction du poids du lot de semences, ou du nombre de semis ou boutures.

Châtaignier (*Castanea sativa* Mill.) : 10 kg/1000
Cyprès (*Cupressus sempervirens* L. var *horizontalis*) : 100 g/2000
Érable sycomore (*Acer pseudoplatanus* L.) : 1 kg/1000
Frêne commun (*Fraxinus excelsior* L.) : 1 kg/1000
Mélèze hybride (*Larix x eurolepsis* Henry) : 50 g/1000
Noyer hybride (*Juglans nigra x regia*) : 10 kg/100
Noyer noir (*Juglans nigra* L.) : 10 kg/100
Noyer royal (*Juglans regia* L.) : 10 kg/100
Pin à crochets (*Pinus uncinata* Ram.) : 100 g/2000
Pin à encens (*Pinus taeda* L.) : 100 g/2000
Sapin de Bornmueller (*Abies bornmuelleriana* Matt.) : 250 g/2000
Sapin de Grèce (*Abies cephalonica* Loud.) : 250 g/2000
Sapin de Nordmann (*Abies nordmanniana* Spach.) : 250 g/2000
Sapin de Vancouver (*Abies grandis* (Dougl.) Lindl.) : 250 g/1000

QU'EST-CE QU'UN ARBRE ?

LA VIE DES PLANTES

Les arbres sont des plantes vasculaires. Pour mieux comprendre leur reproduction, il est nécessaire de connaître quelques notions de base.

LA CELLULE

Tous les êtres vivants sont composés de cellules. Un tissu cellulaire, ensemble de cellules semblables ayant la même fonction, est vivant par trois caractéristiques : il se nourrit en assimilant des substances puisées à l'extérieur de l'organisme ; il se reproduit par division cellulaire ; et il réagit lorsqu'il est exposé à des substances irritantes. Tous les tissus ne sont pas vivants chez l'arbre.

LA MATIÈRE VIVANTE

La matière vivante est composée de molécules organiques. Les protéines, les sucres, les corps gras et les vitamines sont des substances organiques, exclusivement synthétisées par l'être vivant. Elles sont principalement constituées de carbone, d'hydrogène, d'oxygène et d'azote. Les minéraux (comme le potassium et le phosphore, toujours inclus dans les fertilisants), sont essentiels à la vie, mais ne représentent qu'une partie infime de la matière organique.

LA NOURRITURE DES PLANTES

Pour se nourrir, la plante synthétise elle-même sa nourriture à partir de matières inertes. Elle absorbe le gaz carbonique de l'atmosphère pour en extraire le carbone, et puise de l'eau dans le sol qu'elle décompose en matières premières, hydrogène et oxygène. Son azote seul n'est pas d'origine minérale. Fourni par la décomposition de matières organiques, il est absorbé dissous dans l'eau, comme les minéraux.

La photosynthèse est effectuée le jour, dans les feuilles.

La photosynthèse et la respiration

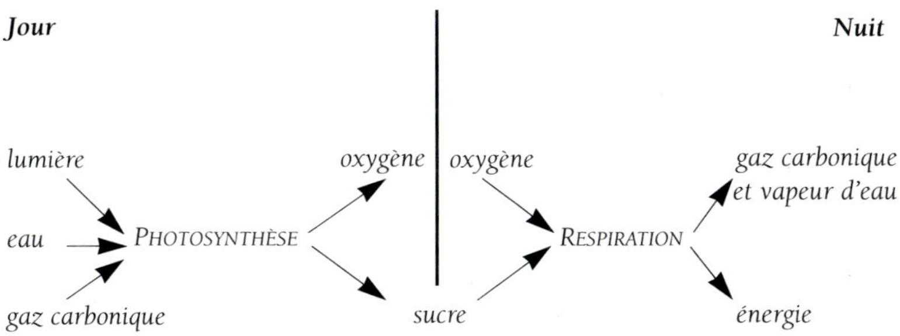

Sous l'action de la lumière, la photosynthèse produit du sucre et libère de l'oxygène dans l'atmosphère. Porté par la sève, le sucre est distribué dans les tissus non photosynthétiques. Pour le digérer, les tissus respirent, ce qui libère du gaz carbonique et de la vapeur d'eau. Cette respiration n'est perceptible que la nuit.

LA PHOTOSYNTHÈSE

La photosynthèse est une réaction chimique effectuée dans la feuille au moyen de la chlorophylle, quand la température est supérieure à 4 °C. Lorsque la chlorophylle est exposée à de la lumière en présence de gaz carbonique et d'eau, elle recombine ces éléments pour produire du sucre et de l'oxygène gazeux. Concentré dans les feuilles en sève élaborée, le sucre est ensuite redistribué dans la plante et utilisé pour la croissance des tissus, alors que l'oxygène est rejeté dans l'atmosphère, pour notre grand bénéfice.

Les lenticelles permettent la respiration des tissus. Elles sont losangiques sur le tronc du saule.

LA RESPIRATION

La respiration est une réaction chimique. Chez la plante comme chez l'animal, toutes les cellules respirent lorsqu'elles assimilent de la nourriture. Chez la plante, cependant, les échanges d'oxygène et de gaz carbonique avec l'atmosphère se font localement au niveau des tissus. Pour le permettre sur le tronc, les branches et les racines des arbres, il existe des ouvertures poreuses dans l'écorce étanche, les lenticelles. Dans les feuilles, les échanges passent par les stomates.

Tous les tissus vivants de l'arbre respirent, et les graines n'y font pas exception.

LES STOMATES

Les feuilles sont toutes recouvertes d'une sorte de peau cireuse qu'on appelle la cuticule. Les échanges d'oxygène et de gaz carbonique entre l'atmosphère et les tissus photosynthétiques sont effectués par de petites ouvertures dans la cuticule, les stomates. Ils ont la forme d'une bouche et leurs lèvres sont des cellules de garde. Toutes les feuilles en portent sur leur endos. Celles des arbre en comptent 50 à 200 par mm^2.

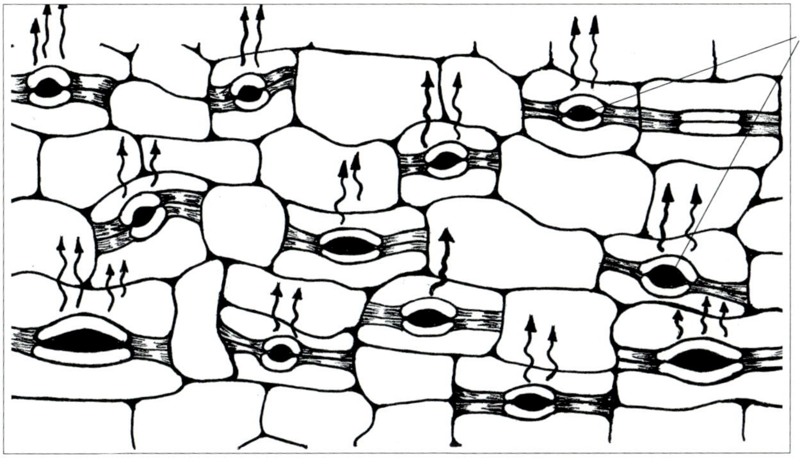

Stomates (échelle : x 1000).

L'ÉVAPOTRANSPIRATION

Les plantes vasculaires puisent l'eau nécessaire à la photosynthèse dans le sol.
Absorbée par les racines, elle devient de la sève brute que des veines microscopiques, les vaisseaux, véhiculent jusqu'aux feuilles. Pour rendre possible ce travail contre la pesanteur, les stomates transpirent de la vapeur d'eau, ce qui crée une succion dans les vaisseaux et fait monter la sève. C'est l'évapotranspiration.
Elle injecte dans l'atmosphère près de 90 % de l'eau qu'un arbre extraie du sol et contribue à la production des nuages de l'atmosphère. Lorsque l'eau manque, la feuille se déshydrate, les cellules de garde se flétrissent et le stomate se ferme.

QU'EST-CE QU'UN ARBRE ?

LES ARBRES, PLANTES LIGNEUSES

Les arbres sont des plantes très spéciales. Mais s'ils atteignent des dimensions immenses, celles-ci posent, en contrepartie, des problèmes de fonctionnement vital. Le bois permet de les résoudre.

ARBRE, ARBUSTE ET ARBRISSEAU

L'arbre est une plante vasculaire ligneuse et longévive. Composé de racines, d'un tronc et d'un houppier, il doit dépasser 7 à 10 m de hauteur à l'âge adulte, avec un tronc unique sur 1 m au moins, pour justifier son appellation. L'arbre dont le tronc n'est pas unique est généralement considéré par les professionnels comme plusieurs individus poussant ensemble. L'arbuste, à tronc unique ou multiple, ne dépasse pas 7 m à maturité, alors que l'arbrisseau ne dépasse pas 3 m.

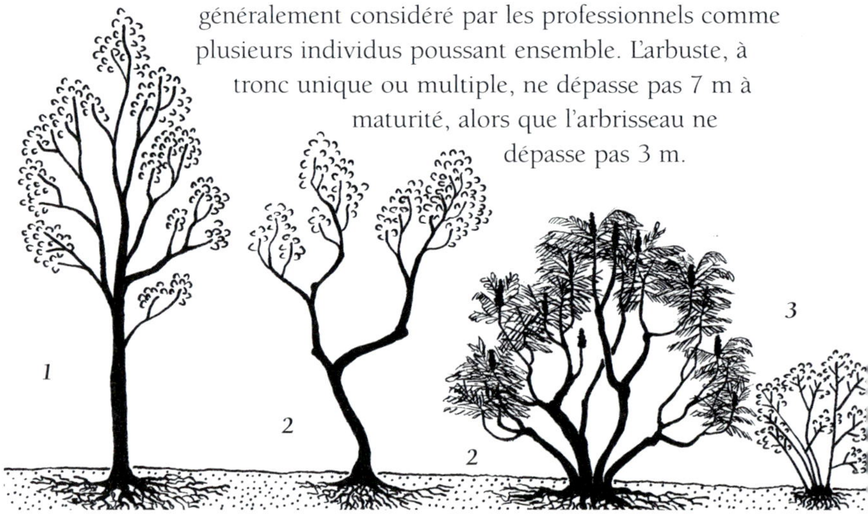

1 Arbre
(7 mètres et plus)
2 Arbuste
(3 mètres à 7 mètres)
3 Arbrisseau
(moins de 3 mètres)

Les arbres poussent en hauteur. Chaque année, les pousses terminales sont prolongées d'un nouveau segment.

LA CROISSANCE EN LONGUEUR

Chaque année, la pousse terminale, les branches et les racines sont prolongées d'un nouveau segment. Ce sont les pousses de l'année. Les cellules sont ajoutées en hélice à l'extrémité de la pousse, par division cellulaire du bourgeon. Lors de son éclosion, la branche peut s'allonger de 10 ou 15 cm en quelques jours, puis la croissance ralentit et durant les 2 ou 3 semaines suivantes, les cellules grossissent et deviennent ligneuses. Le rameau s'oriente vers la lumière durant cette période, jusqu'à ce que sa forme se fige.

LA CROISSANCE EN DIAMÈTRE

La pousse annuelle est complétée en 1 ou 2 mois pour la plupart des arbres. En même temps, puis durant les 2 mois suivants, le reste du corps ligneux se recouvre d'une nouvelle couche de bois qui se forme en périphérie, sous l'écorce. C'est la croissance en diamètre. Ainsi, un clou planté dans le tronc d'un arbre n'est poussé ni vers le haut, ni vers l'extérieur. Lentement, l'arbre avale le clou.

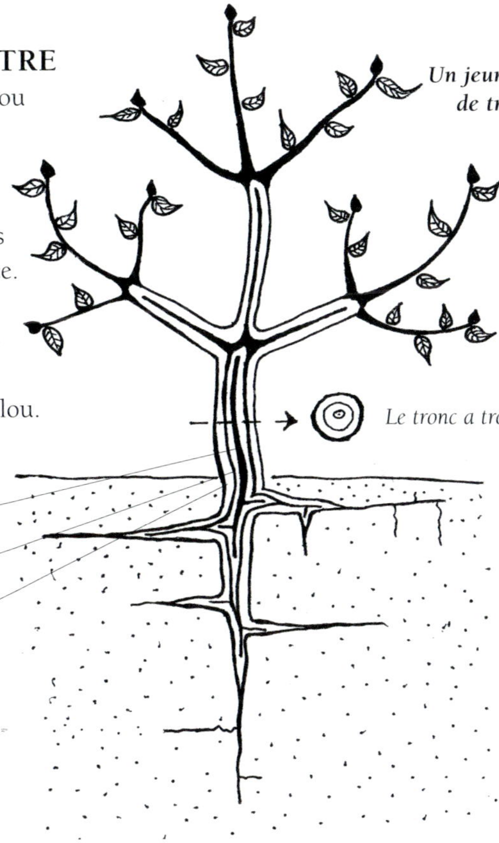

Chaque année, le corps ligneux se recouvre d'une nouvelle couche : chaque cerne du tronc est la marque d'une année écoulée.

Avec le temps, un clou enfoncé dans un arbre n'est poussé ni vers le haut, ni vers l'extérieur, mais il est simplement avalé. À Verdun, certains arbres sains d'apparence ne peuvent être abattus : dangereusement truffés de métal, ils feraient éclater les lames des scies.

LA NATURE DU BOIS

La matière ligneuse est composée de lignine. La lignine est une substance organique dérivée du sucre. Elle sert à renforcer les parois cellulaires des tissus, ce qui les rend durs et imperméables. Ils deviennent alors du bois. Après 1 ou 2 ans, les cellules meurent et seules restent leurs parois. Le bois est donc poreux, c'est pourquoi il flotte.

Le liber, qui sert au transport de la sève élaborée, devient peu à peu écorce externe.

LES FONCTIONS DU BOIS

Le bois sert au transport de la sève brute et au support de la croissance. Durant sa formation, certaines cellules se mettent bout à bout, puis se perforent pour former des vaisseaux. Chez le chêne, les vaisseaux peuvent dépasser 4 m de longueur et 0,25 mm de diamètre. Le bois de l'année courante assure le transport de 80 à 90 % de la sève brute alors que le reste transite par le bois d'aubier, bois des 10 ou 20 dernières années. Avec le temps, l'aubier se fossilise pour former le bois de cœur, plus dur, qui forme une armature renforcée.

La sève élaborée circule pour nourrir tous les tissus vivants de l'arbre.

LE TRANSPORT DE LA SÈVE ÉLABORÉE

Entre l'écorce et le bois, un tissu spongieux et poisseux forme une couche d'un demi centimètre d'épaisseur. C'est l'écorce interne, appelée liber. Gorgé de sève, le liber redistribue les sucres de photosynthèse depuis les feuilles jusqu'aux autres tissus vivants. Il se renouvelle complètement après 1 ou 2 ans. Poussé vers l'extérieur par l'accumulation du bois, il se dessèche, se comprime, se fissure pour accommoder le périmètre croissant, et devient écorce externe.

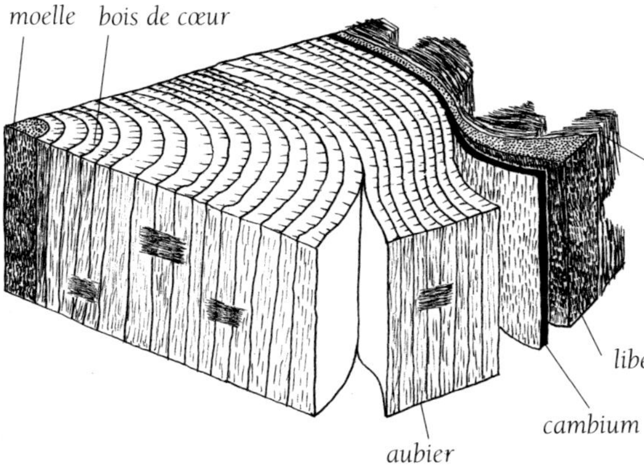

LA SOURCE DE LA CROISSANCE

Les bourgeons sont constitués d'un tissu spécial appelé méristème, qui a la propriété de pouvoir devenir n'importe quelle partie de l'arbre. Dans la graine, l'embryon est essentiellement constitué de méristème qui garde, toute la vie de l'arbre, la capacité à se reproduire et à se différencier. Sur l'arbre, on trouve du méristème à l'extrémité des racines ainsi qu'entre l'écorce interne et le bois, où il forme une couche unicellulaire appelée cambium. Le cambium ne produit que le liber et l'aubier, alors que les bourgeons deviennent branches, feuilles et fleurs, et génèrent le cambium ainsi que de nouveaux bourgeons, et parfois des racines.

LE SYSTÈME RADICULAIRE

Le système radiculaire pousse tant que la température du sol est supérieure à 5 ou 6 °C. Sa structure est semblable à celle du houppier. Il comporte des racines principales (branches), des racines secondaires (rameaux et ramilles), des radicelles (feuilles) et des poils absorbants unicellulaires (stomates). S'il peut être pivotant, oblique ou traçant (latéral), il épouse toujours la forme des obstacles que le méristème ne peut pénétrer. Certains chênes pivotent parfois aussi profond que leur tige est haute. L'érable plane, en revanche, est oblique alors que l'épicéa est typiquement latéral.

Système radiculaire latéral ***Système radiculaire oblique*** ***Système radiculaire pivotant***

QU'EST-CE QU'UN ARBRE ?

L'ARBRE ET L'ESPÈCE

Il existe beaucoup de formes de vie sur terre. Pour s'y retrouver, la science les nomme, puis les regroupe au sein d'une classification. C'est la taxonomie.

QU'EST-CE QU'UNE ESPÈCE ?

Carl von Linné (1707-1778) est l'inventeur du système taxonomique utilisé de nos jours. Il est basé sur la notion d'espèce. Théoriquement, des êtres vivants sont d'une même espèce lorsque leur croisement produit un individu nouveau, viable et fécond. Ainsi, l'âne et le cheval sont des espèces proches puisque leur croisement est possible, mais distinctes puisqu'il produit un bardot, viable mais stérile. Chaque espèce appartient à un genre qui fait partie du nom. Ainsi, le pin sylvestre (*Pinus sylvestris* L.), est l'espèce *sylvestris* du genre *Pinus*. L. signifie qu'il a été nommé par Linné.

Pin cembro (ci-dessus) et pin pignon (page 21) : si le cône du pin pignon devient mature 30 mois après la floraison, celui du pin cembro, comme chez la plupart des pins, ne prend que 18 mois pour devenir mature.

LA CLASSIFICATION LINNÉENNE

La classification linnéenne comporte aujourdhui cinq royaumes. Au sein du royaume des plantes, les genres sont regroupés par familles, puis par ordres et par divisions. La taxonomie peut cependant devenir très complexe : certaines espèces ont des sous-espèces et des variétés ; il existe des hybrides (un x apparaît dans le nom, entre le genre et l'espèce) ; les divisions sont subdivisées. Qui plus est, il arrive que plusieurs chercheurs nomment et classent différemment une même espèce. Le nom le plus ancien devient alors l'appellation première, mais l'espèce garde cependant plusieurs noms latins. En général, il vous suffit de retenir que le type de fruit est relativement uniforme au sein d'une famille donnée et que, contrairement au nom commun, chaque nom latin n'est donné qu'à une seule espèce.

Pin cembro (page 20) et pin pignon (ci-dessus) sont deux espèces différentes du même genre Pinus. Ils ont tous deux des aiguilles à section semi-circulaire et partagent les mêmes habitudes reproductives : la fertilisation se fait après la floraison.

L'ARBRE DANS SON MILIEU

L'ADAPTATION DE L'ARBRE

Joignant le dense et le subtil, l'arbre est enraciné dans le sol, se tourne vers la lumière et fleurit dans l'atmosphère. Son environnement s'exprime dans la croissance et la forme de sa tige, comme il fait prédominer les espèces qui lui sont mieux adaptées.

L'ARBRE ET LE PEUPLEMENT

Les arbres ne poussent en général pas seuls dans la nature. Ils forment des populations homogènes qu'on appelle des peuplements. Au sein d'une forêt, les peuplements changent selon le sol, la topographie et l'historique d'exploitation. Ils peuvent être composés d'une seule espèce (peuplements purs) ou de plusieurs espèces mélangées. Il existe cependant des espèces aux besoins particuliers ou d'autres, difficiles de reproduction, qui ne poussent que disséminées au sein de peuplements mélangés, ou en situation isolée, dans des positions topographiques précises, comme la rive d'un cours d'eau.

Un peuplement est une population d'arbres homogènes. Sous un climat donné, les peuplements changent en fonction du sol et de la topographie.

LES BESOINS DE L'ARBRE

L'épanouissement de l'arbre reflète la nature des ressources du milieu comme leur disponibilité. Ces besoins varient selon son espèce, mais invariablement, les parties aériennes ont besoin de lumière, de gaz carbonique et d'oxygène, et les parties souterraines, d'eau, d'oxygène et de minéraux. En haut comme en bas, l'arbre a aussi besoin d'espace pour croître, et de températures propices à la vie.

Dans la compétition pour les ressources du milieu, l'arbre dominant (au centre) l'emporte sur l'arbre supprimé.

LE MILIEU

Pour l'arbre, le milieu, c'est le climat, qui détermine les températures et l'abondance des pluies. C'est, au niveau des racines, la nature du sol qui affecte la croissance, et la disponibilité de l'eau, de l'oxygène et des minéraux. C'est le gaz carbonique et l'oxygène atmosphérique, et c'est la lumière, que l'arbre cherche inlassablement. C'est aussi les autres, avec lesquels l'arbre est en compétition pour la consommation de ces ressources.

LE STRESS

Le corps ligneux de l'arbre est une sculpture, fruit de son histoire et de son environnement. S'orientant toujours vers la lumière, l'arbre enregistre cette quête, comme il épouse les obstacles du sous-sol et les vents dominants. Lorsqu'il peut consommer librement, il pousse vite et s'épanouit. Il fleurit alors jeune, abondamment et souvent. Lorsque les ressources sont limitées, il devient stressé : ses rameaux sont courts et son écorce externe devient épaisse et vieille, le diamètre s'accroissant trop peu pour qu'elle soit éliminée.

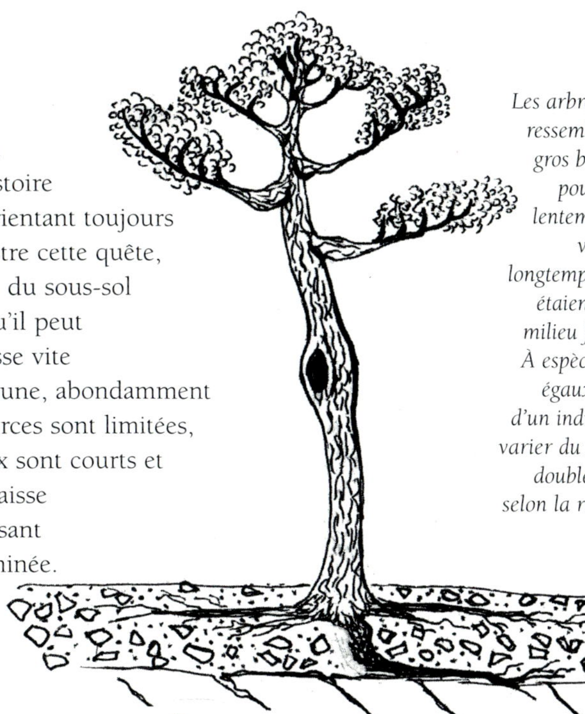

Les arbres stressés ressemblent à de gros bonsaïs. Ils poussent très lentement, mais vivent plus longtemps que s'ils étaient dans un milieu favorable. À espèce et à âge égaux, la taille d'un individu peut varier du simple au double ou triple selon la réponse au milieu.

Seules les essences tolérant l'ombre peuvent survivre en sous-bois.

LA TOLÉRANCE À L'OMBRE

La luminosité n'étant pas un facteur limitant la croissance, on parle de tolérance à l'ombre pour exprimer les besoins en lumière d'une espèce donnée. Les essences de lumière sont intolérantes à l'ombre : leur photosynthèse ne peut s'effectuer qu'en plein soleil. À l'inverse, la photosynthèse des essences d'ombre est suffisamment efficace en sous-bois pour leur permettre d'y survivre. Les essences de demi-ombre et demi-lumière préfèrent un couvert filtrant, au moins durant leur jeunesse.

L'ADAPTATION AU SOL

La nature du sol influe sur la rapidé d'infiltration de l'eau et la disponibilité des minéraux. Ceux-ci déterminent, en retour, l'espèce qui sera la plus apte à s'épanouir sur les lieux. Les pins sont adaptés aux sols secs et sableux. Ils ne survivent pas le long des rivières aux sols fins et inondés, là où le saule blanc fleurit. Le hêtre et l'orme champêtre apprécient les sols calcaires, alors que le châtaignier les supporte très mal. Si le pin sylvestre est élancé en sol acide, il est tortueux en sol calcaire.

les pins sont bien adaptés au sol sec des pentes fortes.

LES MYCORHIZES

L'espèce est aussi adaptée aux moisissures de son sol de prédilection. Celles-ci parasitent l'arbre en enveloppant ses radicelles, mais lui facilitent en retour l'absorption de l'azote et des minéraux. Cette association s'appelle le mycorhize. En Écosse, on transportait jadis de la vieille terre de mélèze dans les jeunes plantations, pour en améliorer le rendement.

Le robinier est une espèce pionnière. Ses racines portent des mycorhizes qui fixent l'azote et enrichissent le sol.

ESPÈCES CLIMACIQUES ET PIONNIÈRES

Les arbres sont toujours en compétition, entre eux comme entre espèces. Certaines espèces ont développé des stratégies pour assurer leur suprématie. Le climax étant le stade final de l'évolution des forêts, les espèces climaciques sont souvent tolérantes à l'ombre, ce qui leur permet de se régénérer dans leur propre sous-bois, à l'exclusion d'autres espèces. Les espèces pionnières, en revanche, sont adaptées aux catastrophes naturelles. Intolérantes à l'ombre, elles sont envahissantes et agressives.

Le chêne pédonculé est une espèce climacique.

L'ARBRE DANS SON MILIEU

LE SOL

Le sol fournit l'eau et les nutriments de l'arbre. Divers facteurs contrôlent la disponibilité de ces ressources.

Les graines des arbres peuvent germer et survivre dans des lieux très infertiles.

LA MATIÈRE ORGANIQUE

La matière organique est la source de l'azote qu'utilisent les arbres pour leur croissance. Dans la nature, les feuilles et le bois mort retournent au sol pour s'y accumuler en surface. Cette matière organique est une ressource pour de nombreuses espèces d'insectes, moisissures et bactéries qui s'en nourrissent. Lentement, ils la décomposent. La pluie dissout ensuite le produit de leur travail, pour le faire pénétrer dans les profondeurs du sol minéral. Porté par l'eau, l'azote provenant de cette matière est alors absorbé par les arbres.

LA TEXTURE DU SOL

Le sol minéral est la source des minéraux dont les plantes ont besoin pour vivre. Il est composé de roches et de terreau. Ce dernier est un mélange de particules, de taille inférieure à 2 mm de diamètre, qui libèrent leurs minéraux par dissolution. Sa texture fait référence aux proportions de sable, de limon et d'argile qui le composent. Plus les particules sont petites et plus la surface d'échange entre elles et l'eau est grande, et plus vite elles libèrent leurs minéraux.

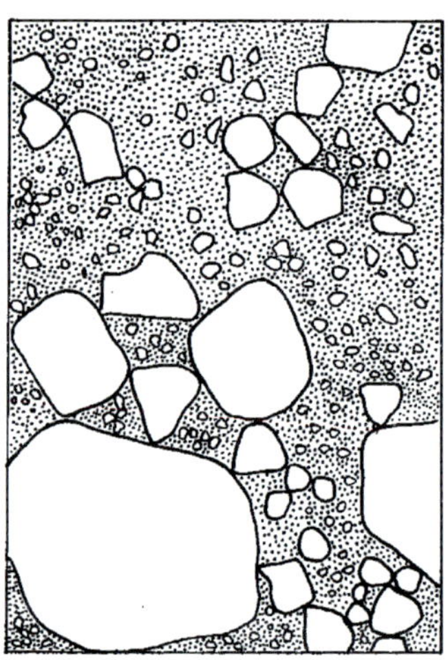

Terreau argileux (échelle : x 50). L'argile, entre 0,02 mm et 0,002 mm de diamètre, prédomine.

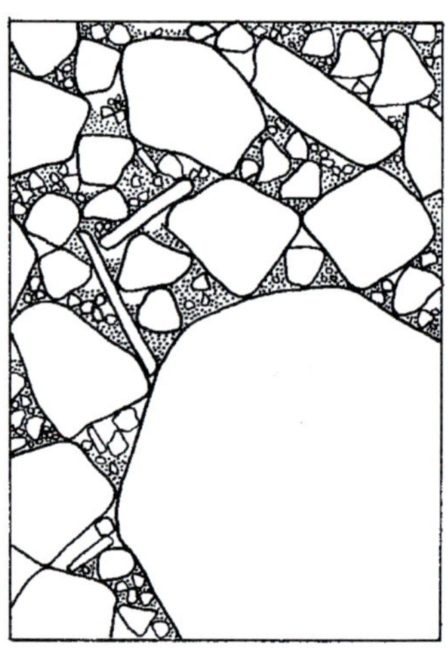

Terreau limoneux (échelle : x 50). Le limon, entre 0,2 mm et 0,02 mm de diamètre, prédomine.

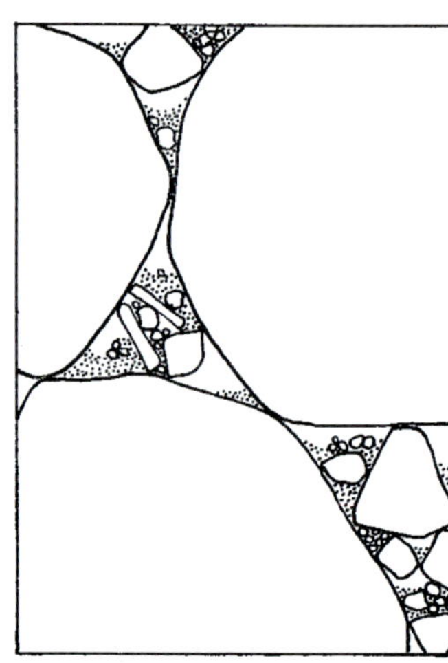

Terreau sableux (échelle : x 50). Le sable, entre 2 mm et 0,2 mm de diamètre, prédomine.

LA RICHESSE ET LA FERTILITÉ

Toutes les roches ne sont pas semblables. Parmi les roches volcaniques, le basalt est très riche en minéraux utiles, alors que le granite en contient beaucoup moins. Les roches sédimentaires ont déjà été lavées d'une partie de leur substance mais, en revanche, elles se décomposent plus vite. Pour qu'un terreau soit fertile, la roche de ses particules doit être riche en minéraux utiles, autant qu'utilisables : elle doit être soluble, c'est-à-dire que le terreau doit contenir des particules de taille argileuse. Le sol doit aussi contenir suffisamment de matière organique pour subvenir aux besoins de la plante en azote.

Cet olivier millénaire n'est pas impressionnant par sa taille : c'est un arbre stressé par un drainage très rapide.

La plupart du temps, les sommets de colline sont bien et rapidement drainés.

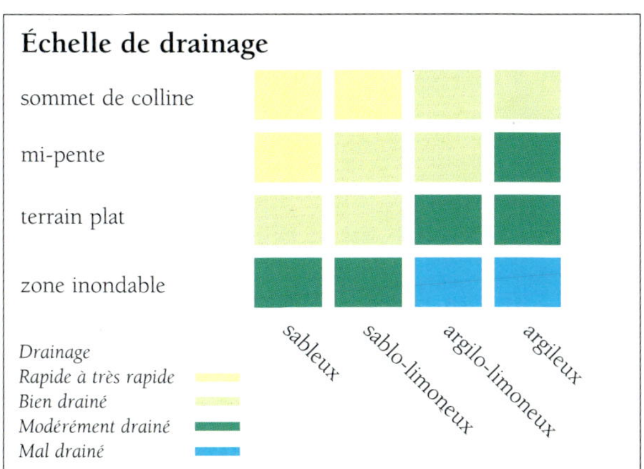

LE DRAINAGE

Il existe un espace résiduel qui contient de l'air entre les particules de roche qui forment un terreau. C'est l'espace lacunaire du sol. Il fournit l'oxygène nécessaire à la respiration des racines et permet la circulation de l'eau. Plus la proportion de sable est élevée, plus cet espace est important. L'argile, au contraire, comble cet espace et favorise la rétention de l'eau. Ainsi existe-t-il un juste milieu dans la texture du sol, entre richesse et porosité, où ni l'oxygène, ni l'eau, ni les minéraux ne font défaut. On dit alors que le sol est bien drainé.

LA REPRODUCTION

LA REPRODUCTION DE L'ESPÈCE

Les arbres consacrent beaucoup d'énegie et l'espèce, beaucoup d'ingéniosité, pour promouvoir la reproduction sexuée, qui seule permet de modifier l'hérédité.

La floraison demande aux arbres beaucoup de sève et d'énergie.

L'HÉRIDITÉ DES ARBRES

L'hérédité d'un individu est l'ensemble des caractéristiques qu'il hérite de ses parents. Après des milliers d'années d'évolution dans un environnement particulier, l'espèce devient adaptée à son milieu. Lorsqu'une espèce couvre un grand territoire, des variétés particulières apparaissent. L'espèce et toutes les adaptations qui la caractérisent sont héréditaires. La provenance d'une graine est donc importante, car l'arbre n'a pas la capacité d'apprendre : son hérédité détermine sa performance dans un environnement donné.

Chez les angiospermes, l'ovule est hermétiquement enfermé dans la cavité de l'ovaire. Pour l'atteindre, le pollen doit pénétrer la chair du pistil par le stigmate.

Fleur de mélèze (échelle : x 2).

Chez les gymnospermes, les ovules sont protégés par les écailles du cônelet, mais sont exposés à l'air lors de la pollinisation.

ANGIOSPERMES ET GYMNOSPERMES

Dans la division des plantes à fleurs, on distingue les gymnospermes, dont les ovules sont nus, et les angiospermes, dont les ovules sont enfermés dans l'ovaire d'un pistil. La majorité des espèces feuillues sont angiospermes alors que les gymnospermes sont presque tous conifères. On dit que leurs ovules sont nus parce que, lors de la fécondation, les écailles du cônelet s'ouvrent pour les exposer directement au pollen. Chez les angiospermes, le pollen doit pénétrer la chair du pistil pour atteindre l'ovule.

Les gymnospermes ne font que des fleurs unisexuées. Chez le pin, les fleurs femelles prédominent sur les hautes branches.

REPRODUCTION VÉGÉTATIVE OU SEXUÉE

La reproduction végétative produit un individu nouveau à partir d'un segment d'individu. L'hérédité du parent est transmise au descendant sans être modifiée. La reproduction sexuée, en revanche, combine l'hérédité des deux parents, ce qui donne un individu nouveau à l'hérédité propre. Le modèle de reproduction sexuée est universel : un organe mâle produit du pollen qui doit voyager pour féconder un ovule contenu dans un organe femelle. L'ovule fécondé devient un œuf unicellulaire qui se développe en embryon par division cellulaire.

La reproduction végétative conserve l'hérédité inchangée d'une génération à l'autre. La reproduction sexuée, quant à elle, permet l'évolution des espèces. Le modèle de base de la reproduction sexuée est universel.

Les fleurs mâle prédominent sur les branches basses du houppier chez le pin.

LA SÉLECTION NATURELLE

Si l'arbre ne s'adapte que dans les limites établies par son hérédité, l'espèce doit être composée d'individus variés pour pouvoir évoluer. Lorsqu'un caractère héréditaire est bien développé chez les deux parents, leur union produit un arbre supérieur pour ce caractère. Cela permet à l'espèce de répondre aux changements environnementaux, qui sélectionnent les arbres les mieux adaptés.

LA REPRODUCTION

LA REPRODUCTION VÉGÉTATIVE

Presque tous les arbres peuvent être multipliés végétativement, mais cette stratégie n'est adoptée que par certains d'entre eux dans la nature. Elle prend plusieurs formes.

LES MARCOTTES

Les marcottes sont des arbres qui se forment à partir d'une branche basse enterrée qui produit des racines. Le marcottage est fréquent chez certains épicéas vivant dans les tourbières, comme l'épinette noire (*Picea mariana*).

Si les marcottes naturelles sont peu courantes, il est cependant possible de reproduire bon nombre d'espèces par bouturage ou marcottage, surtout avec l'aide d'hormones d'enracinement.

Les marcottes sont des rejets de branches enterrés.

LES DRAGEONS

Les drageons sont des pousses qui se développent à partir d'un bourgeon formé sur une racine peu profonde, à quelques distances du tronc. Ils poussent très vite parce qu'ils sont attachés à un système radiculaire adulte, et produisent des feuilles anormalement grosses.

Le peuplier drageonne efficacement et peut produire ainsi un peuplement de plusieurs hectares. Un tel peuplement est appelé clone.

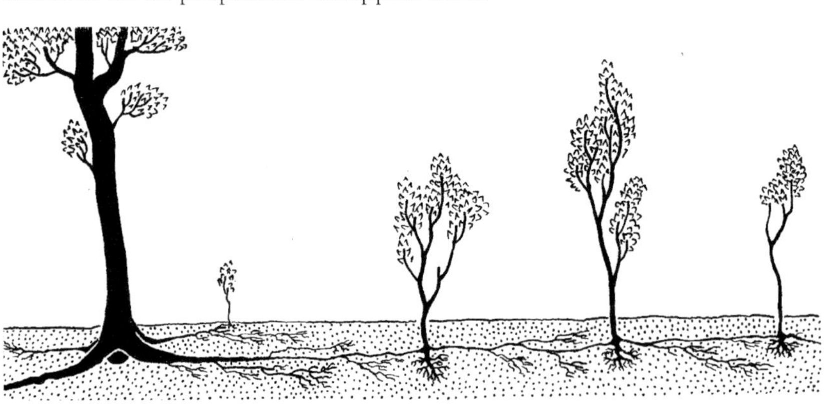

Les drageons sont des rejets de racines.

Le bouleau fait parfois des cépées qui deviennent des bosquets d'arbres avec le temps. Cette aptitude est plus courante encore chez le tilleul ou le charme.

LES CÉPÉES

Les cépées sont des rejets de souche qui se forment chez certains arbres lorsqu'ils sont coupés. Lorsque l'espèce a la capacité de faire des cépées, elle est aussi souvent capable de faire des gourmands (ramilles feuillues portées à même le tronc) et répond bien à la taille. Les gourmands et les cépées se développent à partir d'anciens bourgeons enfouis, et non à partir du cambium, trop différencié pour produire des feuilles.

RISQUES ET AVANTAGES

La reproduction végétative est très utile pour envahir un terrain ou permettre la reprise rapide d'un arbre blessé ou abattu mais elle présente des risques pour l'espèce. Les arbres d'un clone ont tous exactement la même hérédité : si l'arbre parent est sensible à une maladie, elle peut éliminer tout le peuplement d'un coup. D'un autre côté, la reproduction végétative permet de conserver toutes les caractéristiques de l'arbre. C'est pour vous un avantage facilitant la reproduction des cultivars.

LA REPRODUCTION

LA REPRODUCTION SEXUÉE

La fleur est l'instrument de la reproduction sexuée chez l'arbre. Si tous les arbres fleurissent, leur sexualité reste très polyvalente : l'arbre est une créature hermaphrodite.

LES FLEURS

Les gymnospermes font des châtons mâles et des cônelets femelles qu'on appelle des fleurs, mais qui n'en sont pas au sens botanique : les fleurs contiennent les organes sexuels des angiospermes. L'organe mâle est une étamine et l'organe femelle un pistil. S'il n'y a qu'un pistil par fleur, celui-ci peut être simple, ou composé d'éléments appelés carpelles. Les fleurs peuvent être mâles, femelles ou bisexuées. Les fleurs bisexuées sont des fleurs parfaites alors que les fleurs unisexuées sont imparfaites. Les fleurs parfaites portant pétales et sépales, sont dites complètes.

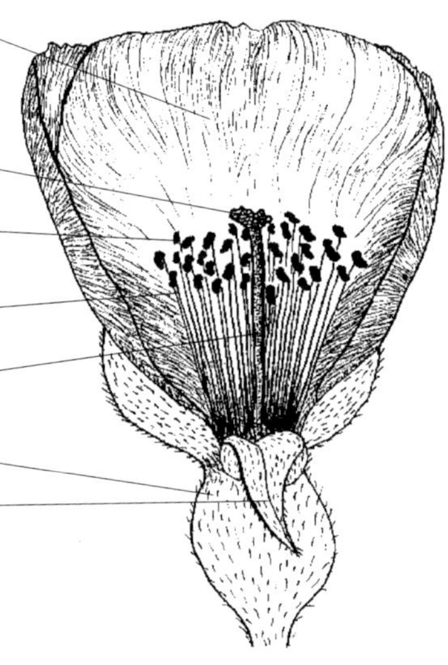

Fleur complète de cerisier (échelle x 3) : le pistil est composé d'un ovaire, d'un style et d'un stigmate. Les étamines sont composées d'anthères portées sur un filet.

Fleur femelle de noyer (échelle : x 2).

LA SEXUALITÉ DES ARBRES

Les gymnospermes ne font que des fleurs imparfaites. Leur grande majorité porte les deux sexes sur le même arbre : on la dit monoïque. Les autres ne portent qu'un sexe à la fois sur un arbre donné : on les dit dioïques (genévrier, ginkgo). Les angiospermes ont une sexualité plus complexe. Il existe des espèces dioïques (frêne, saule), et des espèces monoïques à fleurs imparfaites (chêne), parfaites (orme) ou complètes (pommier). D'autres, dites polygames, font sur un arbre donné à la fois des fleurs parfaites et unisexuées.

L'INFLORESCENCE

Les fleurs d'angiospermes sont souvent regroupées en inflorescences. À maturité, l'inflorescence femelle devient grappe de fruits. L'inflorescence peut être exclusivement composée de fleurs mâles, femelles ou bisexuées, comme elle peut être mélangée. Ainsi, l'inflorescence du marronnier, composée de fleurs bisexuées, se polarise par avortement du pistil et devient mâle à l'extrémité.

Bouquet de fleurs complètes de pommier.

Il existe deux grands types d'inflorescences : les chatons et les bouquets. Selon leur forme, ces derniers peuvent porter des noms variés (corymbe, panicule), mais le type exacte de l'inflorescence est sans effet sur la gestion des semences.

Chaton mâle de peuplier.

LES BRACTÉES ET LES INVOLUCRES

Les bractées sont des feuilles modifiées situées à la base d'inflorescences (tilleul), ou séparant la graine de l'écaille dans le cône du résineux. Les involucres sont des ensembles de bractées qui enveloppent la fleur et persistent jusqu'au fruit, pour devenir la cupule du gland chez le chêne, la bogue de la chataîgne ou le brou de la noix.

Inflorescence de tilleul sur sa bractée.

LA REPRODUCTION

LES ADAPTATIONS REPRODUCTIVES

Pour se reproduire, les arbres doivent disséminer leur pollen et disperser leurs graines. Diverses stratégies ont été sélectionnées par la nature.

LA POLLINISATION

La pollinisation est effectuée au moyen du vent (anémophile), ou des insectes (entomophile). Les fleurs anémophiles sont petites et discrètes (pin, chêne).
Les mâles ont pour fonction de produire un nuage de pollen collectif, que le vent porte jusqu'aux femelles. Les fleurs entomophiles, en revanche, sont parfumées et portent des pétales pour être attirantes (magnolia). Pour guider les insectes, les fleurs blanches du marronnier portent même une petite tache qui change de couleur lorsque le nectar est épuisé.

Fleur mâle libérant son pollen.

Lorsqu'il n'y a pas de vent, le pollen se dépose.

LA FERTILISATION CROISÉE

Si l'auto-fécondation existe chez les arbres, elle n'est pas encouragée par la nature.
Les semences auto-fécondées sont en général de piètre qualité, quand elles n'avortent pas tout simplement.
Pour favoriser la fertilisation croisée, la maturation des sexes est souvent déphasée chez les arbres monoïques.

LA DISPERSION DES GRAINES

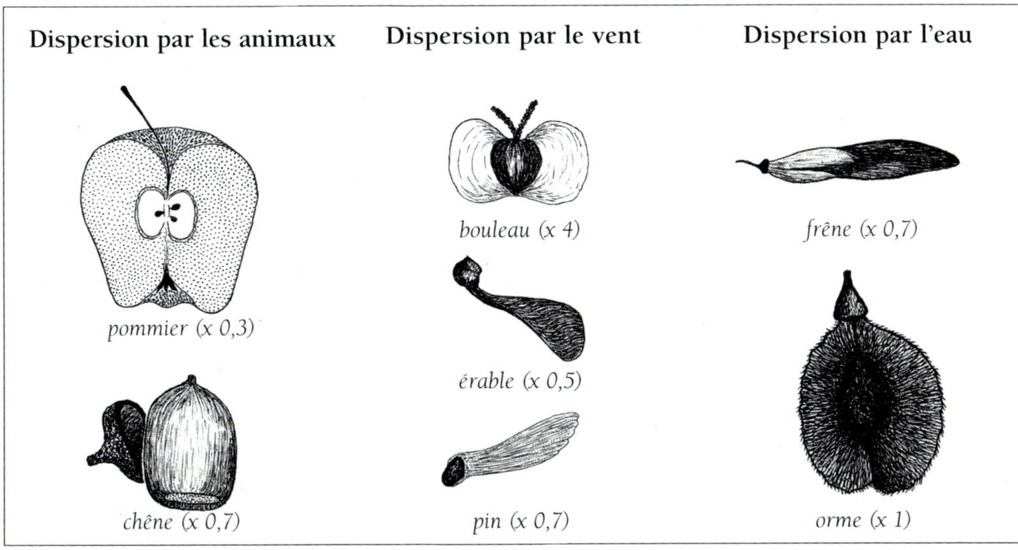

Les graines ailées du pin sont adaptées au vent. Les samares de frêne sont aquadynamiques. Celles de l'orme sont enveloppées d'un buvard qui les fait flotter sur l'eau. Quant aux arbres à fruits comestibles, ils font appel aux animaux (pommier, châtaignier). Si les graines du bouleau peuvent voyager des kilomètres soufflées par le vent sur la neige durcie, la plupart des semences se déplacent rarement plus d'une centaine de mètres.

L'AVORTEMENT CRÉATIF

Qui peut le plus peut le moins, et l'avortement sélectif de certains organes est une pratique courante chez les arbres. Pour produire une coquille en deux morceaux facile à ouvrir, le pistil de noyer porte deux carpelles contenant chacun un ovule, dont un avorte toujours. C'est en avortant l'un des sexes que les inflorescences de fleurs bisexuées se polarisent et le frêne devient parfois monoïque, ou change de sexe. On pense aujourd'hui que la norme est bisexuée chez l'angiosperme et que les fleurs unisexuées ne le sont que par avortement, et pour Charles Darwin (1809-1882), auteur de la théorie de l'évolution, une force mystérieuse a les caractéristiques de l'intelligence chez les plantes.

Le marronnier fait des inflorescences de fleurs complètes qui deviennent mâles par avortement du pistil, à l'extrémité de l'inflorescence qui dépérit ensuite.

LA GESTION DES GRAINES

Les graines des arbres ne se conservent
et ne germent que dans des conditions spécifiques.
Pour être efficace, la gestion des graines
doit suivre des procédures appropriées, qu'il s'agisse
d'un semis d'appartement ou d'extérieur.

LA GRAINE

QU'EST-CE QU'UNE GRAINE ?

Bien que la reproduction végétative existe chez les arbres, la reproduction sexuée reste de loin la principale stratégie reproductive. La graine en est le produit final.

LA GRAINE ET LE FRUIT

Une graine est un ovule fécondé ayant atteint maturité. Semblable un œuf, elle contient un embryon d'individu nouveau, avec des réserves de nourriture et une enveloppe de protection (le tégument). Un fruit est un pistil ayant atteint maturité. Bien qu'il ne provienne pas d'un pistil, on appelle aussi le cône de résineux un fruit, mais ce n'est vraiment qu'un cône porte-ovule devenu porte-graine.

Dans la pomme, les carpelles forment une étoile à cinq branches, mais partagent le même péricarpe sucré.

LE PÉRICARPE

À maturité, la chair du pistil devient l'aileron de la samare chez l'érable, la chair de la pomme chez le pommier, la coquille de la noix chez le noyer, et la chair et le bois du noyau de la prune chez le merisier. On appelle cette partie du fruit le péricarpe. La graine, extraite du péricarpe, est encore enveloppée de son tégument.

Chez le châtaignier, chaque carpelle a son propre péricarpe, mais celui-ci est comparable à un tégument.

L'EMBRYON

On appelle parfois l'embryon un germe ou une plantule. Il comprend toujours une radicule, une tigelle, une gemmule et des cotylédons. Les cotylédons servent à nourrir l'embryon durant sa croissance initiale. La radicule et la tigelle sont des embryons de tige et de racine, alors que la gemmule est un bourgeon de feuilles véritables.

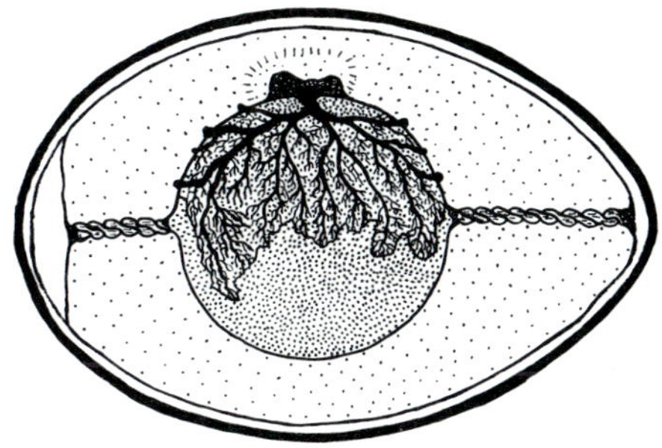

les graines sont semblables à des œufs.Elles contiennent un embryon, des réserves et une enveloppe de protection. Dans la graine, l'embryon porte toujours des cotylédons, une gemmule, une tigelle et une radicule.

Chêne (x 1)

Pin (x 10)

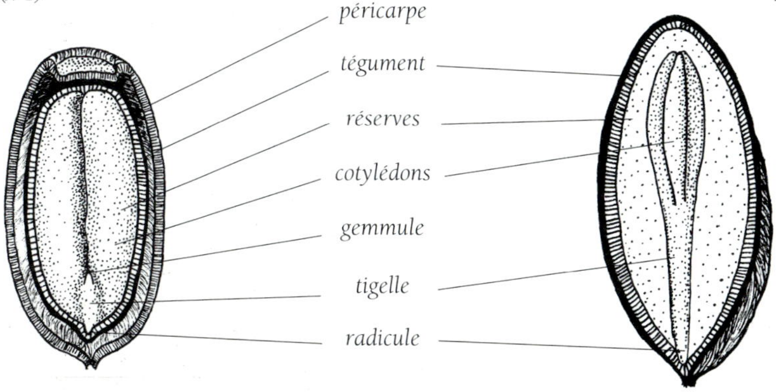

Chez le marronnier, comme chez le chêne, les réserves sont entreposées dans les cotylédons. La photosynthèse est initiée par les feuilles véritables.

LES COTYLÉDONS

Le plus souvent, ce sont des feuilles rudimentaires qui sèchent quelques semaines après la germination. Chez les résineux, ils ressemblent toujours à des aiguilles et leur nombre varie de 3 à plus de 15. Chez les feuillus, ce sont des feuilles plates à la forme différente des feuilles adultes. Lors de la germination, les cotylédons-feuilles se tournent vers la lumière, alors même que l'embryon sort du tégument, mais il existe aussi, chez les feuillus, des cotylédons-réserves sans photosynthèse. Ils restent alors au sol et servent à faire une première racine, puis se desintègrent lorsque les réserves sont épuisées.

Le merisier, comme le pin, est équipé de cotylédons feuilles qui tombent rapidement.

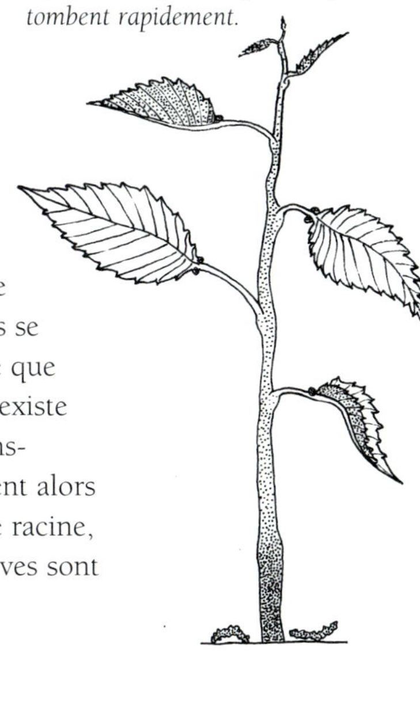

LES RÉSERVES

Les graines sont composées de protéines, de corps gras, de sucres et de minéraux, ainsi que d'eau, de fibres et de tannins.
Les proportions sont très variables d'une espèce à l'autre, parfois même au sein d'un même genre. Lorsque l'embryon est équipé de cotylédons-feuilles, la photosynthèse commence rapidement. Les réserves, peu importantes, sont entreposées parfois dans les cotylédons ou, plus souvent, dans un tissu qui enveloppe l'embryon, l'endosperme. Lorsque la plantule est équipée de cotylédons-réserves, elles sont importantes et entreposées dans les cotylédons. La graine, en général comestible, est alors relativement grosse, et l'endosperme est inexistant ou réduit à une simple membrane.

Graines de pin.

Comme le gland de chêne, le marron contient beaucoup de sucres et d'eau, mais peu de protéines, alors que les graines de pin, plus sèches, en contiennent beaucoup.

Composition de graines mûres de pin de Weymouth (*P. strobus*) et de chêne rouge (*Q. rubra*)

	pin de Weymouth	chêne rouge
minéraux	5,6 %	2,6 %
protéines	30,2 %	7,2 %
corps gras	35,4 %	22,5 %
sucres solubles	1,2 %	10,6 %
sucres insolubles	2,8 %	23,9 %
fibres et tannins	24,0 %	33,2 %
eau	7,5 %	49,0 %

NB : en pourcentages du poids sec et non du poids frais.

Sorti de son péricarpe ligneux (la coquille), l'embryon de la noix est toujours enveloppé de son tégument (la fine peau brune qui recouvre la noix blanche).

LE TÉGUMENT

Le tégument est l'enveloppe externe de la graine. Il provient de l'ovule et protège l'embryon de l'assèchement, de l'écrasement, des attaques des insectes, des maladies et des moisissures. Il isole la graine et régularise la pénétration de l'eau durant l'hiver (chêne, marronnier), assure que la germination ne se fait qu'après une longue période humide (semences tropicales), ou protège l'embryon des sucs digestifs des animaux qui mangent les fruits (robinier, if). Parfois, il est imperméable ou contient des substances qui empêchent la germination.
Son apparence varie d'une espèce à l'autre et correspond souvent à une stratégie donnée de dispersion ou de conservation.

Chez la graine de robinier (ci-contre, x 10), le tégument est cireux et imperméable.

Le gingko est l'une des rares essences dont le tégument soit charnu.

LA GRAINE

LES TYPES DE GRAINES

Toutes les graines ne sont pas semblables. Pour simplifier, on les regroupe en quatre grandes classes : les graines charnues, les graines véritables, les fruits à graine unique et les graines récalcitrantes.

LES TYPES DE FRUITS

Au sein d'un même genre, le type de fruit ne change pas d'une espèce à l'autre et change peu au sein d'une même famille. Cependant il arrive que les traitements adaptés à une espèce soient inadéquats pour une autre. C'est pourquoi il faut toujours expérimenter avec les semences d'espèces nouvelles.

Les kakis du plaqueminier sont en fait de grosses baies.

Les abricots sont des fruits de type prune, dont le péricarpe est charnu et ligneux à l'intérieur.

LES GRAINES CHARNUES

La plupart sont des graines à péricarpe charnu (pommes, prunes, baies et mûres), mais il existe des graines dont le tégument est charnu (magnolia à grandes fleurs ou ginkgo). On trouve aussi des cônes charnus chez les résineux (if et genévrier). La plupart des graines charnues sont humides à maturité mais tolèrent bien l'assèchement. La pulpe, aqueuse et sucrée, favorise cependant la fermentation et la croissance des moisissures, ou contient des substances qui inhibent la germination. S'il est possible d'entreposer certaines graines avec (genévrier, sorbier), on l'élimine la plupart du temps pour ne conserver que la semence, traitée préventivement avec des fongicides, surtout lorsque la chair est sucrée.

TYPES DE FRUITS

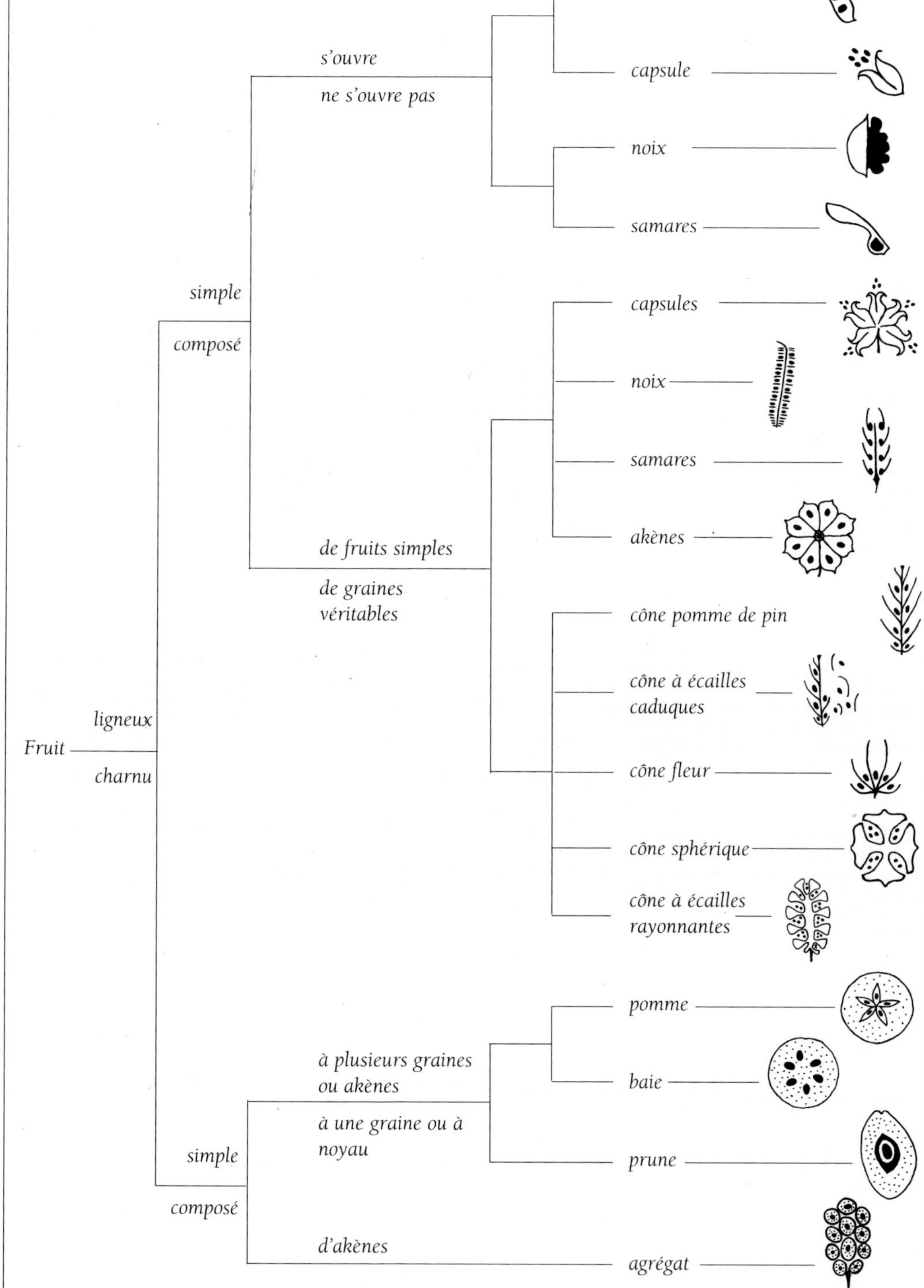

LES GRAINES VÉRITABLES

Ce sont des ovules matures que l'on extrait facilement de fruits secs et plus ou moins ligneux. Sèches à maturité, elles se conservent sans difficulté. Ce sont les petites graines aéroportées, les graines de conifères et les graines extraites de haricots ou de fruits composés ligneux. Botaniquement, certaines sont en fait des fruits minuscules, parce qu'elles proviennent de fleurs individuelles à un ovule, agglomérées en inflorescence compacte (bouleau, aulne et platane), mais ces fruits ont toutes les caractéristiques des graines, et les inflorescences, celles des fruits.

Les graines de pomme de pin sont des graines véritables.

Demi-haricot de févier (x 0,5) : les graines extraites sont de bons exemples de graines véritables. Elles se conservent bien sèches.

LES FRUITS À GRAINE UNIQUE

Samares et noix sont des fruits à graine unique, secs à modérément humides à maturité. Ils tolèrent l'assèchement, mais moins poussé que les graines véritables. On les conserve avec le péricarpe comme si le fruit était une graine. Dans la plupart des cas, on élimine cependant les involucres avec les débris (broux, cupules, bogues, etc.).

Les samares et les noix sont des fruits à graine unique. Ils sont traités comme des graines, avec le péricarpe, mais tolèrent plus ou moins bien l'assèchement.

LES GRAINES RÉCALCITRANTES

Parmi les graines charnues, les graines véritables et les fruits à graine unique, il existe des espèces qui ne tolèrent pas l'assèchement. On les dit récalcitrantes. Elles perdent leur vitalité lorsqu'elles sèchent au-delà d'un certain seuil. Elles ont généralement un taux de respiration élevé et se dégradent facilement. Leur humidité favorise la croissance des moisissures mais on peut normalement les conserver jusqu'au printemps suivant dans un milieu modérément humide et isolant.

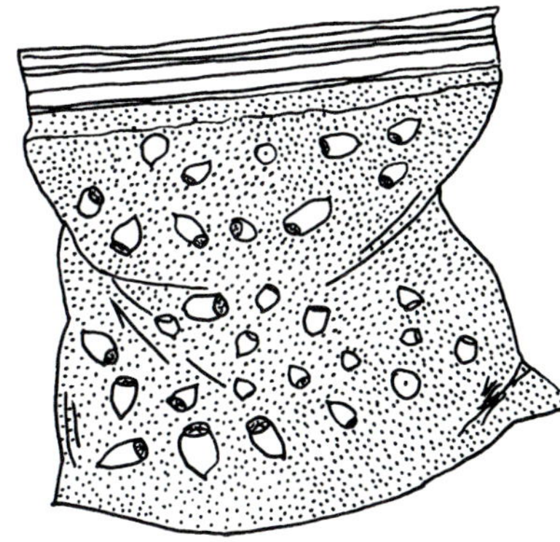

Les graines récalcitrantes ne tolèrent pas l'assèchement. On les entrepose dans du sable ou de la tourbe légèrement humide.

Les graines de marronnier sont typiquement récalcitrantes.

Les graines minuscules de saule sont récalcitrantes. À cause de leur taille, cependant, on les conserve sous vide partiel.

En contrôlant précisément la teneur en eau et la température, on peut même en conserver certaines plusieurs années. Les graines récalcitrantes incluent surtout des noix (chêne et châtaignier), mais aussi des graines véritables (marronnier, saule et peuplier), des graines charnues (ginkgo) et des samares (érable argenté et érable sycomore). Les noyaux de merisier sont parfois traités en semences récalcitrantes parce que l'assèchement les rend profondément dormants.

LA GRAINE

LA FLORAISON

Divers facteurs influent sue la floraison. Elle est souvent printanière et les fruits mûrissent l'automne de la même année, mais ce n'est pas une règle générale.

DE LA FLEUR AU FRUIT

Chez les pins qui fleurissent au printemps, l'ovule n'est fertilisé qu'au printemps suivant et le cônelet, qui grossit alors rapidement, est mûr à l'automne ou, parfois, à l'automne suivant (pin pignon

et pin maritime). D'autres espèces fleurissent tôt le printemps, pour faire des fruits en début d'été, quelques mois plus tard (merisier, peuplier, ormes). Enfin, l'araucaria, originaire de l'hémisphère Sud, porte fruit plus de deux ans après la floraison, durant l'hiver en France.

LA LUMIÈRE

La floraison est influencée par la lumière. Les arbres isolés, qui reçoivent plus de lumière, font plus de fleurs que les arbres en peuplement. Ils fleurissent aussi plus jeunes. Chez les conifères, les fleurs femelles prédominent au sommet du houppier, au soleil, et les fleurs mâles à l'ombre sur les branches basses. Chez le pin sylvestre isolé, les femelles prédominent, alors que, à l'ombre, ce sont les mâles.

LE CLIMAT

La floraison est influencée par le climat. Les bourgeons floraux sont souvent conçus l'été pour éclore l'été suivant. Un printemps et un été chauds, mais pas trop secs, favorisent une abondante floraison l'année d'après. Les gelées précoces ou tardives, en revanche, tuent les bourgeons floraux en formation et les fleurs en éclosion. Durant les printemps pluvieux, le pollen et les insectes voyagent mal. Les semences sont alors moins abondantes et de moins bonne qualité.

Les bourgeons de ce magnolia ont été brûlés par le froid. Il ne fleurira pas cette année.

LA SÈVE

L'arbre consacre beaucoup de sève à produire des semences, aussi les sujets affaiblis ou malades ne fleurissent-ils pas. Si certaines fleurs deviennent fruits sans fécondation (kaki), les fleurs non fécondées sont en général avortées. Pour accroître leur semence, arrosez les arbres en période sèche, appliquez des engrais et élaguez-les pour développer un feuillage abondant.

L'arbre consacre beaucoup de sève à la production de fleurs et de semences. La sève étant élaborée dans les feuilles, les traitements activant la photosynthèse aideront la production semencière.

LA GRAINE

LA MATURATION

Comme la floraison, la maturation du fruit est accélérée par l'exposition au soleil, les températures clémentes, l'apport en hormones de croissance et la qualité de la sève.

LES SIGNES DE MATURITÉ FRUITIÈRE

Un fruit qui mûrit bénéficie d'un apport soutenu en nutriments. Ses tissus respirent intensément. Cette respiration atteint son maximum à maturité puis ralentit quand le fruit n'est plus alimenté en sève. Les fruits sont mûrs lorsque la dissémination est entamée. Celle-ci pouvant être rapide, on récolte souvent un peu avant. Il est donc utile d'anticiper la maturité. Avec les fruits ligneux, la chlorophylle disparaît des tissus ; ceux-ci durcissent et deviennent bruns, et le fruit sèche et devient léger. Chez les feuillus, il se détache sans trop forcer. Chez les résineux, les écailles du cône deviennent moins résistantes à l'ouverture. Les fruits charnus en revanche, voient leur teneur en eau s'accroître. La peau du fruit prend une couleur propre à l'espèce et la chair amère, acide ou astringeante, change de texture et devient juteuse et blanchâtre ou colorée.

En mûrissant, les fruits ligneux passent du vert au brun. Les écailles des cônes deviennent moins résistantes à l'ouverture.

Les fruits charnus changent de couleur et deviennent comestibles en mûrissant.

LA MATURATION DES GRAINES

Durant la maturation du fruit, les nutriments solubles apportés par la sève sont convertis dans la graine en sucres, protéines et corps gras complexes. Peu après la fertilisation, la teneur en eau de l'ovule est proche de 90 % du poids frais chez le pin, alors qu'à maturité, elle est autour de 10 % dans la graine et de 25 % dans l'embryon. Le tégument devient dur et brun ou noir, et le contenu de la graine change de gélatineux à ferme. L'embryon atteint sa taille optimale dans la cavité, soit près des 3/4 de la longueur.

La maturité des graines est parfois une notion relative : chez le frêne, même lorsque les samares sont brunes et que les feuilles sont tombées, l'embryon doit encore maturer dans un milieu humide et chaud pour pouvoir germer.

Chez la plupart des résineux, les graines sont mûres avant le cône. Chez le douglas, la maturité des graines est facile à reconnaître : on peut récolter lorsque les bractées qui dépassent les écailles ont jauni.

La maturité du fruit n'est qu'un indice externe car la graine est souvent mûre plusieurs semaines avant le fruit chez les feuillus, et parfois plusieurs mois chez les résineux. Pour d'autres espèces (chêne ou peuplier), la maturité n'est déterminée que par la dispersion. Chez le frêne, la maturité reste une notion relative puisque l'embryon, immature lors de la dispersion, doit subit un après-mûrissement pour atteindre son plein développement.

LA GRAINE

LA DORMANCE

On dit d'une graine qu'elle est dormante quand elle est vivante et ne germe pas lorsque les conditions sont appropriées. La dormance assure la germination des graines en saison dans la nature.

LA DORMANCE PHYSIOLOGIQUE

C'est la plus fréquente : la digestion ou la dégradation d'un inhibiteur chimique doit agir sur les tissus de l'embryon (merisier), de l'endosperme (conifères) ou du péricarpe. Elle est levée par des conditions humides et fraîches. Dans certains cas, elle peut être levée par une exposition à la lumière (aulne, bouleau). On dit alors qu'elle est photosensible. En revanche, lorsque des graines non dormantes le deviennent en séchant ou en restant au froid trop longtemps, on parle de dormance secondaire.

Les conifères (à droite) et le bouleau (à gauche) produisent des graines à dormance physiologique.

LES AUTRES DORMANCES

La dormance tégumentaire est causée par un tégument ou un péricarpe imperméables. Il faut alors faire pénétrer l'eau. La dormance embryonnaire est causée par un embryon immature lors de la dispersion (frêne). Celui-ci doit alors subir un après-mûrissement humide et chaud. Un traitement froid est ensuite nécessaire, car une dormance physiologique est toujours présente.

Les graines de frêne ont une dormance embryonnaire et physiologique.

LA GRAINE

LA GERMINATION

La germination est la sortie de l'embryon hors du tégument, et sa croissance jusqu'au moment où il peut se maintenir de façon autonome. Elle se fait en deux étapes : l'émergence de la radicule et la levée de la tigelle.

LES FACTEURS AFFECTANT LA GERMINATION

Lorsque la germination est entamée, la vie s'accélère dans la graine. La respiration des tissus s'intensifie et les nutriments deviennent solubles. Ce processus peut être freiné quelques temps mais rend la conservation de plus en plus difficile. La germination requière de l'eau en abondance, des températures favorables et de l'oxygène. L'oxygène est vital pour l'embryon. L'eau ramollit le tégument et le rend perméable à l'oxygène. Elle est aussi nécessaire à l'assimilation des réserves et à la respiration.

GERMINATIONS

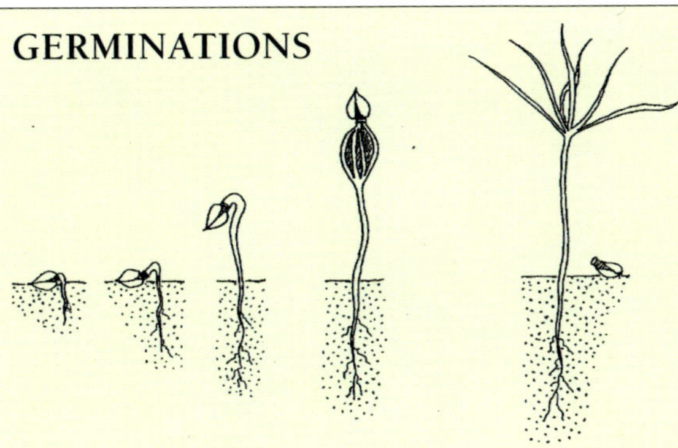

Germination du pin (x 1)
En germination épigée (ci-contre), l'émergence de la radicule et la levée de tigelle peuvent être très rapides (24 h à 48 h).

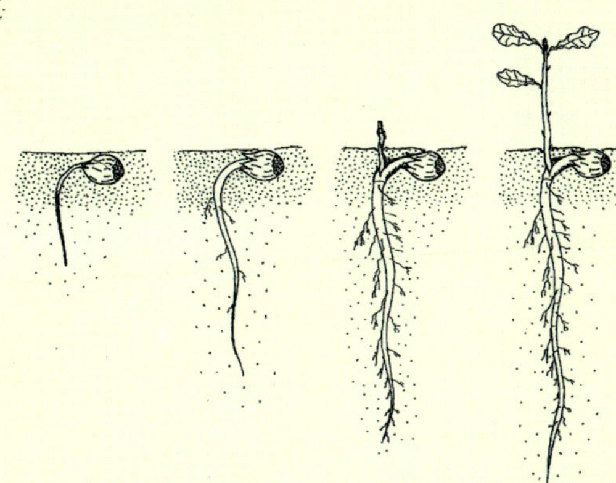

Germination du chêne (x 0,25)
En germination hypogée (ci-contre), l'émergence de la radicule peut durer plusieurs mois et se fait lorsque les températures dépassent 3 à 5 °C, sitôt la dormance levée, ou dès la dispersion (graines non dormantes). La gemmule produit ensuite une tige avec de vraies feuilles lorsqu'il fait plus chaud.

LA RÉCOLTE

LES PRÉLIMINAIRES

Il est toujours préférable de planifier sa récolte et de bien choisir ses semenciers. Le choix d'un arbre semencier peut commencer dès le printemps.

LE JOURNAL

Un journal est très utile. Vous le mettrez à jour à chaque étape du traitement des semences, ce qui vous rendra beaucoup plus efficace.
Localisez l'arbre sur une carte et décrivez-le, commentez les semences, le site, le climat, puis notez les dates de floraison et de fructification, et tout autre commentaire pertinent.

LE CHOIX DU SEMENCIER

Les bons candidats sont des arbres de qualité supérieure. Épanouis, ils sont abondamment fleuris et poussent vite : les rameaux sont longs et l'écorce lisse et tendue. En situation ensoleillée, ils ne sont cependant pas seuls. Pour diversifier l'hérédité, vous choisirez plusieurs semenciers, situés à proximité de pollinisateurs.
Gardez l'œil ouvert lors de vos déplacements : lorsque vous rencontrez des arbres en fleur, arrêtez-vous et faites connaissance. Repassez régulièrement : ouvrez quelques fruits verts pour évaluer la quantité de graines fertiles et leur degré de maturité.

Ce mimosa, abondamment en fleur, ferait un bon semencier, pourvu qu'il y ait des pollinisateurs à proximité.

Lorsqu'ils virent à l'ocre, les cônes du thuya sont sur le point de s'ouvrir.

LA MATURITÉ DES GRAINES

Évaluer la maturité de semences est affaire subjective basée sur l'expérience. Faites une récolte lorsque vous pensez les graines matures, puis revenez quand la dispersion est entamée. Chaque fois, observez la couleur, la résistance et la texture du péricarpe ou du tégument. Ouvrez quelques graines au rasoir et cherchez l'embryon. Regardez sa taille, sa couleur et la consistance de l'endosperme. Goûtez, grignotez (si la graine n'est pas toxique). Écrasez quelques graines entre deux doigts ou sur une feuille de papier, si elles sont minuscules (saule, peuplier). C'est une base de comparaison pour l'année suivante. Si la récolte vous semble *a posteriori* trop précoce, faites-en une autre et comparez germination et croissance.

Lorsque les noix sont mûres, elles se détachent naturellement de leur brou.

L'ÉTIQUETAGE DES LOTS

Numérotez et identifiez les lots de graines en votre possession. Identifiez le lot par un numéro inscrit à l'extérieur et à l'intérieur de l'emballage. Reportez sur le journal toute information concernant chaque lot.

Information pertinente au journal

ENVIRONNEMENT
- nombre et localisation des semenciers/pollinisateurs
- type de sol (texture/humidité/drainage)
- pente/position topographique/exposition à la lumière
- climat saisonnier de l'année précédente et courante
- propriété/autorisations

PRODUCTION
- qualité du semencier (forme/croissance)
- date et abondance de floraison/fructification

RÉCOLTE
- numéro de lot/quantités brutes récoltées
- date, méthode et conditions climatiques de la récolte
- conditions et durée du transport
- teneur en eau et nombre de graines par volume ou poids

TRAITEMENTS
- date et conditions d'entreposage/prégermination
- conditions et résultats des tests de germination
- date et conditions de semis (climat/sol/eau/ombre)

LA RÉCOLTE

LES TYPES DE RÉCOLTES

Les semences mûrissent parfois longtemps avant la dispersion, mais elles ne sont jamais dispersées immatures.

LA RÉCOLTE EN VERT

Elle s'effectue avant la pleine maturité des semences, pour obtenir des semis un an plus tôt, lorsque la graine doit subir un après-mûrissement chaud (frêne). Le tilleul est parfois récolté au mois d'août, parce que le tégument, très imperméable à maturité, n'est pas encore complètement formé. Les graines vertes ne peuvent se conserver et doivent être semées ou traitées immédiatement. En général, les semis sont moins vigoureux.

Lorsqu'il est nécessaire de faire subir un après-murissement humide et chaud, comme dans le cas d'une dormance embryonnaire, on récolte parfois en vert pour semer immédiatement.

Il reste cependant préférable d'attendre la pleine maturité des graines.

Lorsque les fruits sont à point, il suffit de secouer l'arbre pour les faire tomber.

LA RÉCOLTE AVANT DISPERSION

Choisissez un arbre jeune (15 à 40 ans) aux branches accessibles et fleuries. Pour cueillir, aidez-vous d'une échelle ou d'un escabeau, mais veillez à la sécurité. Lorsque les fruits sont bien mûrs, battez le houppier avec une gaule, secouez l'arbre s'il est de petite taille ou faites passer une corde sur une branche stratégique pour la secouer. Placez un drap au pied de l'arbres pour récolter les semences.

Les écureuils sont des compétiteurs très efficaces quand vient le temps de la récolte. Devancez-les ou approvisionnez-vous dans leurs caches.

LA RÉCOLTE APRÈS DISPERSION

La récolte au sol est la méthode la plus simple : ramassez les fruits ou les graines à la main ou râtissez-les avec les débris pour les séparer ensuite. Nettoyez le site avant, pour minimiser la quantité de débris, ou étendez un drap pour que graines ou fruits s'y accumulent. Pour les arbres du bord de l'eau (orme, aulne), récupérez les semences en écrémant la surface de l'eau, puis mettez-les à sécher pour arriver à une teneur en eau propre à la conservation. Si les fruits ou les graines sont comestibles pour les rongeurs (noix ou cônes de résineux), laissez les faire puis cherchez leurs caches et approvisionnez-vous dedans.

Pour la récolte des graines minuscules et aéroportées, comme celles du paulownia, il est impératif d'agir avant la dispersion.

La récolte après dispersion est le mode de récolte le plus simple pour les grosses graines.

Conseils pour la récolte

Préférez une journée ensoleillée après quelques jours secs. Les semaines qui précèdent, surveillez la maturité des graines et la météo. Lorsque les semences approchent de la maturité, n'attendez pas trop : une journée venteuse, un vol d'étourneaux ou des écureuils prévoyants pourraient anéantir vos espoirs.

LA RÉCOLTE

LE TRANSPORT

Lorsque vous transportez ou entreposez des graines ou des fruits en vrac, il est possible que ceux-ci s'échauffent, ce qui nuit à leur vitalité. Vous pouvez limiter ce risque.

Les semences fraîches s'échauffent facilement, surtout lorsque la récolte contient des débris.

L'ÉCHAUFFEMENT

Lorsque les fruits sont récoltés sur l'arbre, ils sont souvent encore humides et respirent. Cette respiration, plus intense lorsque les fruits sont verts ou récoltés sous la pluie, demande de l'oxygène et peut libérer beaucoup de chaleur. Celle-ci va s'accumuler lorsque la ventilation est pauvre. Durant le transport, comme en début d'entreposage, si vous observez des signes d'échauffement, ouvrez le contenant et étalez les semences.

Procédez rapidement au nettoyage, pour limiter les risques d'échauffement.

Conseils pour le transport

- Protégez la récolte du soleil et de la pluie.
- Pour les grosses quantités, préférez plusieurs petits sacs (1 ou 2 litres).
- Procédez au nettoyage et à l'entreposage le plus rapidement possible.

LES CONTENANTS

Après la cueillette, triez sur place puis mettez la récolte dans un contenant. Si les quantités sont petites (moins de 1 litre) et si le transport est de courte durée (1 ou 2 heures), utilisez un sac en plastique. Si les semences doivent rester plus longtemps dans leur contenant, choisissez des sacs de toile en tissu aéré. Les graines charnues s'échauffent très facilement : transportez-les dans un jerrican d'eau. Si les semences sont fragiles, utilisez un sac en plastique gonflé comme un ballon.

LA RÉCOLTE

LE NETTOYAGE

Avant de traiter des fruits ou d'entreposer des graines, il est nécessaire de se débarrasser de leurs débris. Procédez comme avec des haricots. Si vous souhaitez conserver les semences longtemps, vous voudrez connaître leur degré d'humidité.

LE NETTOYAGE DE SURFACE

Chez vous, faites un tas sur une table, de préférence à l'extérieur de la maison ou dans la cuisine. Éliminez feuilles, branches, débris fruitiers, fruits abîmés et insectes, pour ne conserver que les fruits sans la moindre imperfection. Au besoin (surtout si vous avez récolté au sol) lavez la récolte à l'eau courante, égouttez comme de la laitue, puis faites sécher en surface (une nuit à la température ambiante).

Les graines doivent être entreposées propres.

Procédure de nettoyage

1 Éliminez les débris.

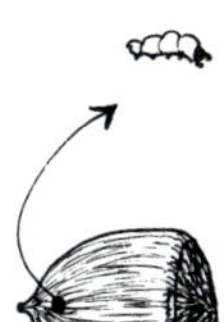

2 Ne conservez que les graines sans imperfection.

3 Lavez les semences à l'eau.

LE JOURNAL ET LA PESÉE

Dans votre journal, notez le type et la date de la récolte, les conditions climatiques, la durée du transport et tout autre commentaire pertinent, puis pesez un volume ou un nombre donné de graines. Lorsque vous ferez sécher la récolte, faites des pesées successives pour savoir lorsque la perte d'eau se stabilise et profitez-en pour ouvrir quelques graines afin de visualiser l'assèchement. Notez la date et le poids par quantité lors des pesées.

L'EXTRACTION

LE SÉCHAGE DES FRUITS LIGNEUX

Pour extraire les graines des fruits ligneux, il suffit souvent de faire sécher les fruits. Les cônes résineux, néanmoins, peuvent avoir besoin d'un traitement plus poussé.

LES FEUILLUS

Chez les angiospermes, les graines véritables s'extraient facilement des fruits secs. Les cônes de bouleau s'effritent en séchant. Les haricots, les capsules de petites graines aéroportées et les fruits composés ligneux s'effritent ou s'ouvrent aussi spontanément lorsqu'ils sèchent, et peuvent, au besoin, être broyés ou forcés au couteau. Laisser les fruits humides en tas ou dans le sac de récolte pourrait les faire moisir ou s'échauffer. Étalez plutôt la récolte sur un rebord de fenêtre ensoleillé ou dans un coin bien ventilé, à une température proche de 20 °C, pour 1 à 3 semaines.

Les graines sont extraites facilement des fruits ligneux secs chez les feuillus.

Les cônes de bouleau s'effritent en séchant.

Les cônes de résineux s'ouvrent en séchant.

LES CONIFÈRES

La plupart des cônes ouvrent leurs écailles en séchant. Lorsque le séchage est sans effet, faites-les tremper dans l'eau une journée, puis faites-les sécher rapidement (entre 40 et 60 °C). La plupart s'ouvriront après quelques jours. Pour les cônes de cèdre, en revanche, vous obtiendrez de meilleurs résultats en les mettant au réfrigérateur après trempage.

LES CÔNES SÉROTINEUX

Lorsque les écailles d'un cône sont maintenues fermées par de la résine, on dit que le cône est sérotineux. Il ne s'ouvre alors que sous l'effet de la chaleur. Si un été bien ensoleillé suffit pour le cyprès, il faut un véritable feu de forêt pour d'autres espèces, comme le pin de Banks. Pour forcer l'ouverture de cônes sérotineux, plongez-les 1 à 10 minutes dans l'eau bouillante, ou passez-les au four à 250 °C pendant 30 à 90 secondes. Faites vos propres tests sur un ou deux cônes avant de traiter toute votre récolte, afin de déterminer la température et le temps minimaux pour que les cônes s'ouvrent sans que la semence soit abîmée.

Le pin de Banks est une essence pionnière canadienne adaptée aux feux de forêt. Ses cônes, qui persistent longtemps sur l'arbre, sont scellés par de la résine. Quelques jours après un feu, tous les cônes s'ouvrent en même temps, libérant une multitude de graines sans dormance qui envahissent le terrain.

Les cônes fermés par la résine s'ouvrent spontanément après quelques minutes au four.

L'EXTRACTION

LES TECHNIQUES D'EXTRACTION

Pour les conserver, il faut extraire les graines véritables et les graines charnues du fruit. Cela minimise l'espace d'entreposage nécessaire et facilite le traitement des semences. Il existe divers moyens d'extraction.

Tapoter les cônes permet d'en extraire les graines.

LE SAC TAMBOUR OU LE TAPOTAGE

Pour sortir la semence de cônes dont les écailles se sont ouvertes, mettez les cônes dans un sac poubelle résistant, gonflez-le comme un ballon puis secouez. Son contenu doit rebondir dans tous les sens contre les parois du sac (sans les perforer), pendant 5 ou 10 minutes. Vous pouvez aussi tapoter les cônes en les tournant sur eux-mêmes, un à un, sur une table ou tout autre surface dure. Au besoin (cyprès ou sequoia), aidez les graines en les délogeant de leur alvéole avec un bout de fil de fer ou une aiguille.

Les graines ailées peuvent être battues dans un bol rempli d'eau pour perdre leurs ailes.

LA FORCE BRUTALE

Vous pouvez être tenté d'utiliser la force et d'employer couteaux, hachoirs ou marteaux. C'est parfois le seul moyen. Prenez alors le temps de réfléchir afin d'opérer froidement, et protégez-vous (gants et lunettes de sécurité). Protégez aussi collaborateurs et mobilier.

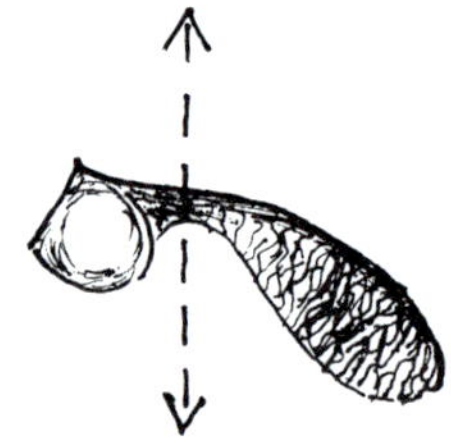

LE DÉSAILAGE

Les samares d'orme sont conservées telles quelles, mais vous pouvez éliminer l'aileron des samares d'érable ou l'ensemble du péricarpe chez le frêne (il contribue à la dormance). Lorsque l'aileron est insignifiant (aulne, sequoia), inutile de l'éliminer. Chez les Pinacées, l'aileron, fragile et de taille importante par rapport à la graine, est un peu encombrant. Pour l'éliminer, roulez les graines entre les paumes des mains, ou mettez les graines dans un sac et battez-le sur un coin de table ou à coups de baguette. Parfois, il suffit d'humidifier légèrement les graines pour que l'aileron se détache. S'il est fermement attaché, mettez les semences à tremper dans un bol, puis battez-les à la fourchette et éliminez les débris par flottaison. Faites ensuite sécher les graines 1 ou 2 jours, ou jusqu'à la teneur en eau désirée.

LE SÈCHE-CHEVEUX

Lorsque des cônes de bouleau s'effritent après avoir séché, ils produisent autant de graines que d'écailles. Séparez ce mélange en le faisant tomber dans le courant d'air ascendant d'un sèche-cheveux orienté à 45°. Les graines, plus légères, retombent plus loin. Entreprenez cette activité à l'intérieur : les graines très légères sont emportées au moindre coup de vent. Balayez bien le sol, avant comme après.

Un sèche-cheveux permet de séparer les graines des débris. Plus légères, les graines retombent plus loin.

Les cônes de bouleau s'effritent en séchant. Vous pouvez séparer les graines des écailles au moyen d'un sèche-cheveux. Prévoyez une grande surface propre, comme le plancher d'une cuisine.

LE ROBOT MÉNAGER ET LE PLAN INCLINÉ

Lorsque les graines sont suffisamment petites et résistantes (graines de tilleul bien sèches dans leur péricarpe), passez les fruits dans un robot ménager à petite vitesse après avoir testé leur résistance. Pour les fruits charnus éliminez la pulpe par flottaison en ajoutant de l'eau (les semences coulent). Pour les débris secs, utilisez la technique du plan incliné. Séparez les graines des débris en faisant tomber ce mélange sur un plan incliné (plateau) que vous tapotez. Les graines roulent plus bas et plus vite que les débris. Vous pouvez aussi broyer à la main, notamment les fruits des légumineuses.

Les graines de tilleul bien sèches peuvent être extraites de leur péricarpe en les passant dans un robot ménager (petite vitesse).

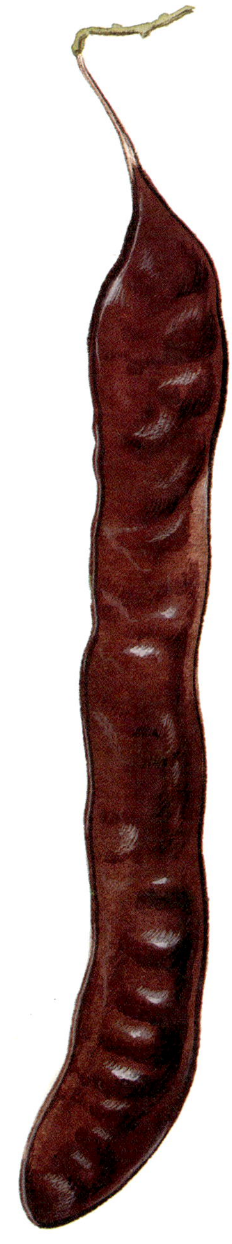

Vous pouvez extraire les graines des légumineuses en les écossant ou en broyant les cosses entre vos mains.

LE TAMIS

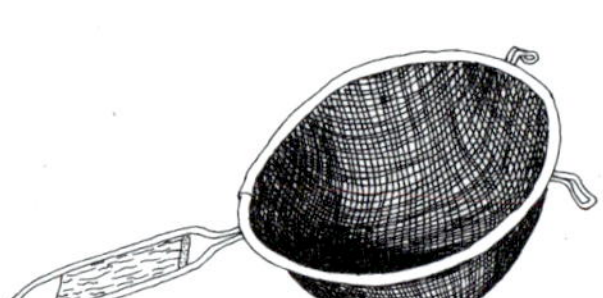

Un tamis est un outil très polyvalent. Lorsque des graines charnues ont un tégument ou un péricarpe résistant, séparez-les de la pulpe en frottant les fruits sur un grillage fin (tamis de cuisine). Pour séparer les graines minuscules du saule ou du peuplier de leur coton, soufflez-les sur le tamis avec un sèche-cheveux.

LA MACÉRATION

Lorsque les fruits charnus sont bien mûrs, il est assez facile de séparer les graines de la chair en écrasant les fruits dans l'eau courante, puis en brossant les noyaux. Si les fruits sont encore un peu verts, écrasez-les légèrement et mettez-les en tas pour les faire fermenter, ce qui ramollit la chair. Vous pouvez aussi les faire macérer dans de l'eau chaude jusqu'à ce qu'ils ramollissent, en changeant souvent l'eau. Au besoin (genévrier), faites macérer les fruits résineux dans de la soude caustique diluée (1 %).

Les fruits de tilleul bien mûrs peuvent être débarrassés de leur péricarpe plus facilement après macération de quelques semaines.

Pour en éliminer la pulpe, vous pouvez faire macérer les fruits charnus encore trop verts comme ces alises (x 2,5).

LE SAC DE SABLE

Lorsque la chair est retirée à la main ou par frottement avec une brosse, il en reste toujours un peu. Pour enlever ces résidus par abrasion, mélangez les graines avec du sable dans une proportion de 1/2 ou 1/3 et pressez le sac dans tous les sens.

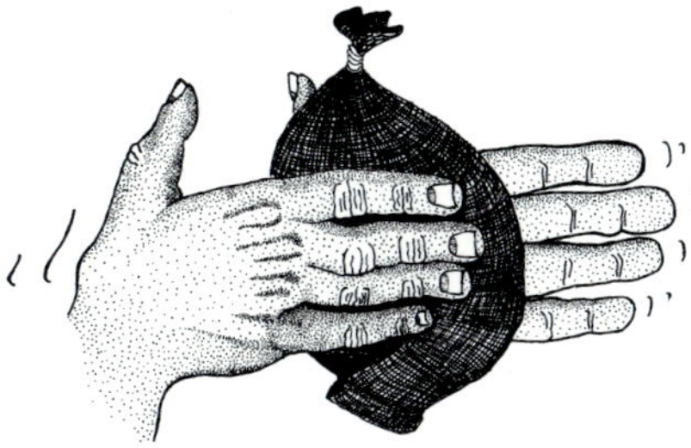

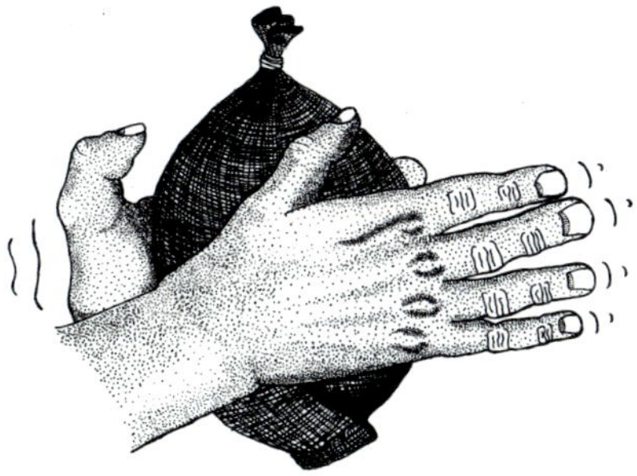

L'abrasion dans le sable permet de nettoyer la chair résiduelle des fruits charnus. Roulez le sac de sable entre vos mains.

LA CONSERVATION
LA TENEUR EN EAU

Si vous voulez être sûr que la récolte est conservée dans des conditions optimales, vous devrez déterminer la teneur en eau (T.E.) des graines et en faire le suivi.

QU'EST-CE QUE LA T.E. ?

La T.E exprime la quantité d'eau contenue dans la graine, en pourcentage du poids frais la plupart du temps. Elle peut aussi être en pourcentage du poids sec, c'est pourquoi il est utile de préciser le type de mesure utilisée.

Comme tous les êtres vivants, les arbres sont composés de plus de deux tiers d'eau.

LA QUANTITÉ

Pour des fruits de la taille d'une châtaigne, prenez 30 graines; pour ceux de la taille d'un noyau de cerise, prenez en 100 ; et pour les graines minuscules, prenez-en assez pour dépasser 5 à 10 g. Pour les grosses quantités, comptez les graines approximativement avec une mesure (un bol, un verre, un dé à coudre,...) : comptez le nombre de graines qui remplissent la mesure puis comptez le nombre de mesures et multipliez.

LA PROCÉDURE EXPÉRIMENTALE

Les péricarpes et les téguments freinent l'évaporation de l'eau. Ils doivent être fragmentés. Faites une pesée avec les graines entières le jour de la récolte (poids frais), puis hachez-les en petits morceaux (un demi centimètre de diamètre et moins). Faites sécher à 105 °C pendant 24 h et refaites une pesée (poids sec). La différence entre poids sec et poids frais donne le poids de l'eau qui s'est évaporée. Le poids sec et le poids frais ne changeront plus.

LA MÉTHODE DE CALCUL

Pour déterminer la T.E. des graines au moment de la récolte, divisez le poids de l'eau par le poids frais et multipliez par 100. Pour faire le suivi de la T.E., faites une simple pesée puis calculez : soustrayez le poids sec, divisez par le poids frais puis multipliez par 100. Si vous désirez réhumidifier des semences trop sèches jusqu'à une T.E. désirée, multipliez le poids frais par la T.E. désirée, divisez par 100, puis ajoutez le poids sec. Vous obtiendrez le poids que devraient peser les semences à la T.E. désirée. La différence entre ce poids et le poids courant est égal au volume d'eau qu'il faut rajouter (1 g d'eau = 1 cm^3 d'eau).

LA CONSERVATION

LA PRÉVENTION DES MALADIES

La pourriture et la moisissure sont des champignons qui décomposent la matière organique dans le sol. Leur croissance est favorisée par le manque d'oxygène en conditions humides et fraîches. Pour se reproduire, ils libèrent des spores dans l'air.

Les moisissures sont le pire ennemi du pépiniériste.

LES MOYENS DE LUTTE

Pour limiter les risques, récoltez sur l'arbre et rincez les semences avant d'entreposer. Si vous observez le développement de moisissures, vous pouvez aérer les graines quelques heures pour les éliminer, mais, dès le manque d'oxygène rétabli, la croissance reprendra. Aussi, s'il s'agit de semences rares ou d'un investissement important, appliquez un fongicide.

Pourriture sur des écailles de cône de pin.

LES PESTICIDES

Il existe de nombreux produits pour lutter contre les parasites et les maladies des plantes. Certains sont très efficaces et même dangereux. Si vous devez utiliser des pesticides, préférez des produits non toxiques et biodégradables, et suivez les instructions portées sur l'emballage.

LA THERMOTHÉRAPIE DES GRAINES

Cette méthode de traitement des glands de chêne (développée à l'INRA de Nancy) permet de lutter contre le champignon de la pourriture noire. Trempez les glands 2 heures et demie dans un bain d'eau maintenu exactement à 41 °C. Si la récolte est importante, appliquez ensuite un fongicide léger dans un but préventif.

LA STÉRILISATION DE SOL

La tourbe est un milieu acide, relativement stérile. Le sable horticole acheté en magasin aussi. Le sable ou le sol fraîchement ramassé à l'extérieur, en revanche, contiennent beaucoup de micro-organismes. Vous pouvez les stériliser, mais cette solution ne sera que partielle car les semences apportent leurs propres germes. La plupart des germes de maladie sont tués à 71 °C: gorgez le sol d'eau et passez-le au four 1 h à 135 °C, 4 ou 5 litres à la fois dans un grand plat. Plantez-y un thermomètre à viande, pour vous assurer de la température. Le four à micro-ondes est déconseillé : il modifie la nature du sol et peut le rendre toxique.

LA CONSERVATION

L'ENTREPOSAGE

Pour conserver des semences, il faut ralentir leur activité vitale au maximum, sans les tuer. Pour cela, les graines doivent être tenues les plus sèches possible et aux températures les plus basses qu'elles puissent tolérer.

L'entreposage des graines est une étape cruciale. Si elles sont exposées à des températures ou des taux d'humidité inadéquats, les graines perdent leur capacité de germination.

LA TEMPÉRATURE

Le froid (-20 à -5 °C) permet une conservation de plus longue durée que le frais (2 à 5 °C). À température ambiante, la plupart des semences ne se conservent pas longtemps, tout comme les légumes, quoiqu'elles tolèrent mieux l'assèchement. Lorsque la teneur en eau peut être descendue jusqu'à 5-7 %, entreposez les semences au froid, dans le congélateur. Lorsque la teneur en eau idéale pour la conservation avoisine 10-15 %, entreposez au frais, dans le réfrigérateur.

LE SÉCHAGE DES GRAINES

Au réfrigérateur, les semences en vrac doivent être sèches pour ne pas s'échauffer ni transpirer. Faites sécher à température ambiante, car les températures supérieures à 40 °C sont rapidement néfastes. Plus les graines sont petites, plus l'eau s'évapore rapidement : 1 ou 2 semaines suffisent pour les graines de résineux ou se bouleau, qui doivent être très sèches, 3 ou 4 jours pour celles du merisier, au tégument ligneux mais fin et 12 à 48 heures pour un séchage de surface. Pour savoir si les semences ont séché suffisamment, calculez la teneur en eau et faites-en le suivi. À défaut, marchez à l'intuition : pesez régulièrement les semences et ouvrez quelques graines pour estimer à l'œil la perte d'eau.

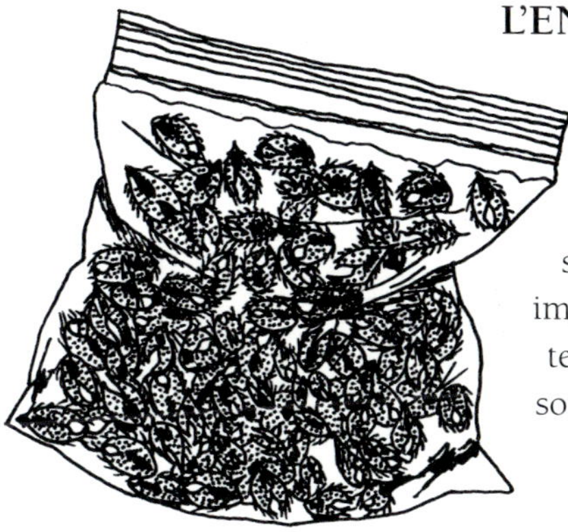

L'ENTREPOSAGE EN VRAC

En vrac, les graines sont en contact les unes avec les autres. Si leur teneur en eau est élevée, elles peuvent s'échauffer. Si certaines sont malades, les risques de contamination sont accrus. Si les graines sont sèches, en revanche, l'échauffement est improbable ; de plus, les graines tolérant des températures plus basses, les risques de contamination sont réduits.

L'ENTREPOSAGE DANS LA TOURBE

Les graines récalcitrantes ont une teneur en eau élevée, respirent activement et germent souvent spontanément. Les risques d'échauffement étant élevés en vrac, entreposez-les dans un milieu isolant très légèrement humide (sable ou tourbe dont la teneur en eau est proche de celle qui est désirée pour les semences). La tourbe a l'avantage d'être asceptique et de ralentir la contamination.

La tourbe est un produit dérivé d'une petite plante des bois, la mousse de sphaigne, qui occupe les terrains humides.

En poussant, la sphaigne s'accumule et forme des tourbières. La tourbe est de la matière organique mal décomposée du fait du manque d'oxygène. Elle est exploitée commercialement.

LA PRÉPARATION DE LA TOURBE

La tourbe doit être légèrement humide et fraîche comme un sol de jardin un jour d'été ensoleillé. Filtrez un volume de tourbe très sèche avec le tamis. Étalez la poudre de tourbe sur un plan de travail, comme de la farine à gâteau. Arrosez légèrement au brumisateur (quelques nuages) et laissez pénétrer. Mélangez du bout des doigts, étalez et arrosez jusqu'à ce qu'il n'y ait plus de poussière qui vole. Rajoutez un quart à un demi volume de poudre de tourbe sèche, et mélangez 1 volume de graines pour 2 ou 3 volumes de tourbe.

L'ENTREPOSAGE EN VRAC SEC ET SCELLÉ

Dans un contenant hermétique, un équilibre s'établit entre l'humidité de l'air et celle des semences. Lorsque vous ouvrez le contenant, vous changez cet équilibre et ceci nuit à la survie des semences. Pour l'éviter, entreposez les grosses quantités en petits sachets hermétiques à utiliser un à un, et remplissez les contenants pour qu'ils contiennent le moins d'air possible.

Au froid, l'entreposage en vrac, sec et scellé permet de conserver durant des décennies les graines tolérant l'assèchement comme celles du pin.

L'ENTREPOSAGE OUVERT

Si l'entreposage de semences récalcitrantes est trop encombrant dans la tourbe, entreposez-les en vrac, dans un sac en tissu ou un contenant ouvert, pour permettre la circulation de l'air. Assurez-vous néanmoins qu'elles ne sèchent pas trop (suivi de la T.E.). Surveillez les signes d'échauffement, remélangez régulièrement pour que l'humidité reste uniforme et réhumidifiez au besoin.

L'ENTREPOSAGE SOUS VIDE

Les semences de saule et de peuplier sont si fragiles et les fluctuations du milieu sont si vite nuisibles qu'on les entrepose sous vide partiel. Utilisez une bouteille en verre bien lavée pour mettre les semences, puis faites le vide avec une pompe à air manuelle, comme pour aider la conservation du vin.

Les graines de saule sont si fragiles qu'elles doivent impérativement germer dans les dix jours suivant la dissémination. On peut cependant les conserver quelques mois sous vide.

LA PRÉ-GERMINATION

LA STRATIFICATION

La stratification a pour but de lever la dormance, en reproduisant les conditions de température, d'oxygénation et d'humidité auxquelles la graine est exposée au sol.

LA STRATIFICATION DANS LE SABLE

Choisissez un sable dont les grains sont plus petits que les graines, de préférence du sable horticole. Si le sable est trop grossier, filtrez-le au tamis. Versez dans une cuvette 1 volume d'eau pour 2 volumes de sable, puis mélangez-y un volume de tourbe sèche et filtrée. Transférez dans un tamis et retirez l'excédant d'eau en pressant modérément. Le milieu doit être humide comme le sable d'une plage sous la pluie. Mélangez 2 volumes de sable pour 1 volume de graines, ou procédez par couches de sable et de graines.

LA STRATIFICATION NUE

C'est une autre méthode. Mettez les semences à tremper pour 6 à 48 heures, égouttez l'excédant d'eau, puis mettez-les, sans milieu, dans un contenant scellé, au frais. Une fois par semaine, passez les semences sous l'eau pour les réoxygéner, égouttez-les puis remettez-les au frais.

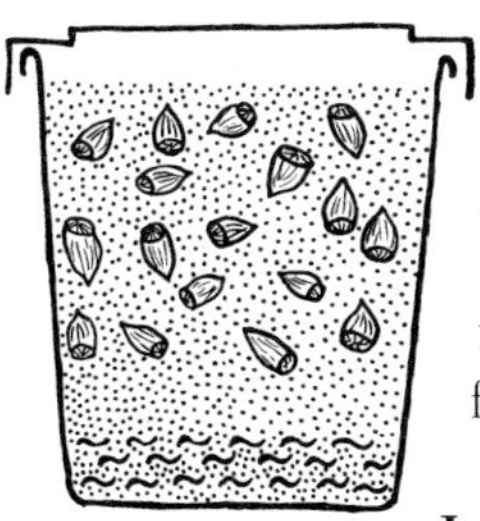

LA STRATIFICATION FRAÎCHE

Elle lève la dormance physiologique en reproduisant les conditions de fin d'hiver. Mélangez les graines au milieu (sable ou tourbe humide), mettez dans un contenant solide ou un sac en plastique hermétiquement fermé, et conservez entre 2 et 5 °C au réfrigérateur.

LA STRATIFICATION CHAUDE

Elle lève une dormance embryonnaire en reproduisant les conditions estivales humides. Elle peut se faire à température constante de 20 °C, néanmoins certaines espèces (if) réagissent mieux à une alternance des températures (15-25°C ou 20-30°C, avec une période chaude de 8 h). À 30 °C, l'humidité doit être ajustée tous les jours. Évitez les moisissures en stratifiant dans un contenant ouvert et en remélangeant et renouvelant régulièrement le milieu. Vous pouvez aussi traiter avec un fongicide léger.

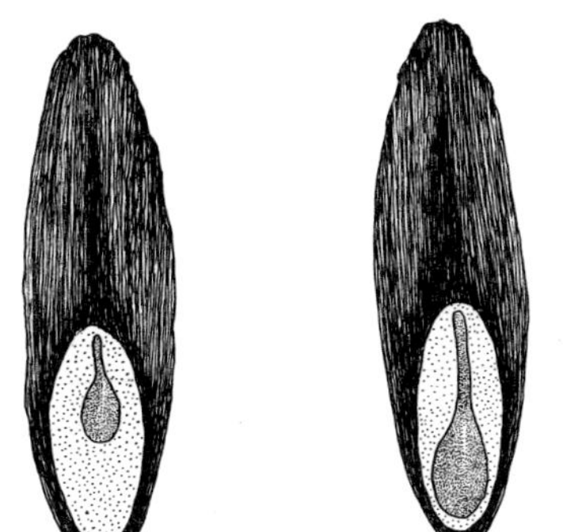

Embryon de frêne avant (à gauche) et après (à droite) stratification chaude.

LA GERMINATION PRÉMATURÉE

Les graines stratifiées trop longtemps finissent par germer au réfrigérateur. Évitez-le car ces faux départs induisent des défauts qui persistent dans la forme de l'arbre adulte.

LA PRÉ-GERMINATION

AUTRES TRAITEMENTS

La stratification permet de traiter la plupart des dormances, mais il existe parfois des méthodes plus simples ou plus rapides.

LA SCARIFICATION

Une dormance tégumentaire peut toujours être levée par une stratifiation longue (6 à 15 mois au frais), mais il est plus simple de scarifier. Lorsque le péricarpe ou le tégument sont épais ou plus ou moins perméables, amincissez-les avec une lime à ongles, pour faciliter l'absorption de l'eau. Prenez néanmoins garde à ne pas entamer les tissus internes de la graine.

L'EAU BOUILLANTE

Une immersion dans l'eau bouillante peut lever la dormance tégumentaire de certaines légumineuses (robinier ou arbre de Judée). Faites bouillir au moins 4 litres d'eau, pour avoir au moins 4 fois plus d'eau que de graines. Retirez l'eau du feu, jetez-y les graines, couvrez puis laissez refroidir 12 à 24 h.

Chez les semences photosensibles, l'illumination peut remplacer la stratification.

L'ILLUMINATION

Certains facteurs de dormance physiologique sont photosensibles (bouleau). Exposer quelques heures à la lumière les semences, gorgées d'eau par une immersion d'une semaine, peut alors remplacer plusieurs mois de stratification.

LES RYTHMES

L'alternance de périodes chaudes et froides en stratification permet parfois de lever la dormance plus rapidement. C'est le cas du merisier qui ne germe dans la nature qu'au 2e, voire au 3e printemps après la floraison, après avoir été exposé à l'alternance des saisons.

L'IMMERSION FROIDE

Les semences de résineux sans dormance tirent bénéfice d'une immersion de 1 ou 2 jours avant le semis. Vous pouvez traiter les noix par immersion de 1 ou 2 semaines au réfrigérateur avant de les stratifier, pour assurer une bonne pénétration de l'eau dans la graine. Elles sont prêtes à stratifier sitôt qu'elles craquent. La dormance tégumentaire modérée de certains érables se traite aussi très bien de cette façon mais la pénétration de l'eau doit être évaluée en grignotant les semences. Changez l'eau régulièrement.

LE PÉROXYDE

Il existe un raccourci rapide pour la stratification, normalement appliqué aux graines de résineux, et à n'utiliser que pour les tests de germination, car il affecte la survie des semis : mettez les semences à tremper 1 ou 2 jours dans une solution à 30 % de péroxyde d'oxygène.

LA PRÉ-GERMINATION

LES TESTS DE GERMINATION

Les tests de germination déterminent si les semences sont vivantes. Ils permettent de calculer le nombre de graines à traiter pour obtenir la quantité de semis désirée, ou d'évaluer la dormance de graines inconnues.

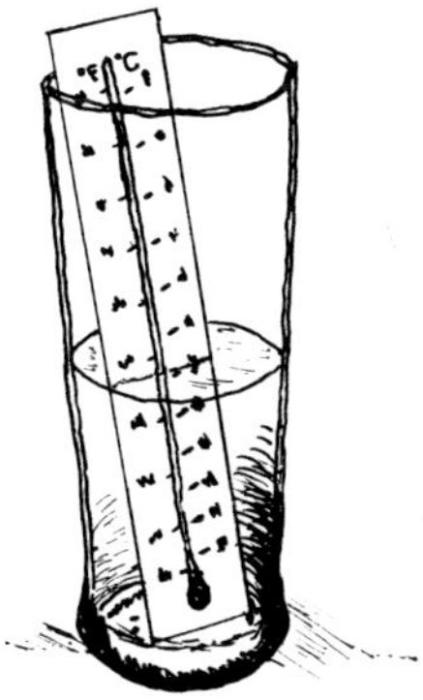

Faites le suivi de la température avec un thermomètre dans un verre d'eau.

LA TEMPÉRATURE

La plupart des tests de germination se font à températures alternées de 20 °C la nuit (16 h) et 30 °C le jour (8 h). Les tests à température constante de 20 °C sont également courants. Si l'espèce est habituée au climat froid ou germe en fin d'hiver plutôt qu'au printemps, faites le test autour de 5 °C la nuit et 20-25 °C le jour.

LE SUIVI DE LA TEMPÉRATURE

Les très jeunes semis peuvent contenir 25 fois plus d'eau que l'embryon dans la graine sèche. Pour évaluer la température à laquelle l'embryon est exposé, placez un thermomètre barométrique dans un demi-verre d'eau plutôt qu'à l'air. Lorsque les graines germent, les températures supérieures à 35 °C sont vite mortelles : ne faites pas cuire vos graines.

LA DURÉE DU TEST ET LA LUMIÈRE

Un test de germination dure rarement moins de 15 jours et souvent 4 à 6 semaines, voire plus. La lumière n'est jamais contraire à la germination. Elle est sans effet sur elle chez sur certaines espèces, mais peut l'accroître chez d'autres. Lorsqu'elle est utile, fournissez-la 8 h durant la période chaude.

LA MINI-SERRE

Les tests s'effectuent en mini-serrre. La faire est facile et permet de conserver les semences dans un air saturé d'eau, tout en emprisonnant la chaleur. Utilisez une assiette et un saladier, un moule à gâteau ou un simple sac en plastique.

Une assiette avec un fond d'eau recouverte d'un saladier suffit à fabriquer un excellent germoir.

LE TAUX DE GERMINATION

À la fin du test, comptez le nombre total de graines et le nombre qui a germé. Calculez le taux de germination en divisant le nombre de graines germées par le total. Avec un taux de 30 %, vous devrez préparer une centaine de graines pour obtenir 20 à 30 semis.

LA PRÉ-GERMINATION

LES TECHNIQUES DE TEST

Selon le type de graine et l'espèce, il existe différentes méthodes pour tester la germination. Les plus courant sont le sable et le papier buvard.

LA GERMINATION SUR PAPIER BUVARD

Coupez 1 cm d'épaisseur de feuilles format A4, en 4 piles de 10 x 15 cm. Faites dégorger ce papier dans de l'eau tiède durant quelques jours, pour éliminer les acides et les colorants, puis faites une pile de 4 cm d'épaisseur. Placez-la dans une mini-serre et ajoutez de l'eau pour que le buvard imbibé repose dans un bain de 2 cm de profondeur. Si le test doit se faire avec lumière, posez les graines sur le dessus de la pile. Si la lumière n'est pas nécessaire, mettez-les en sandwich sous le premier buvard. Espacez les graines d'une distance au moins égale à leur taille.

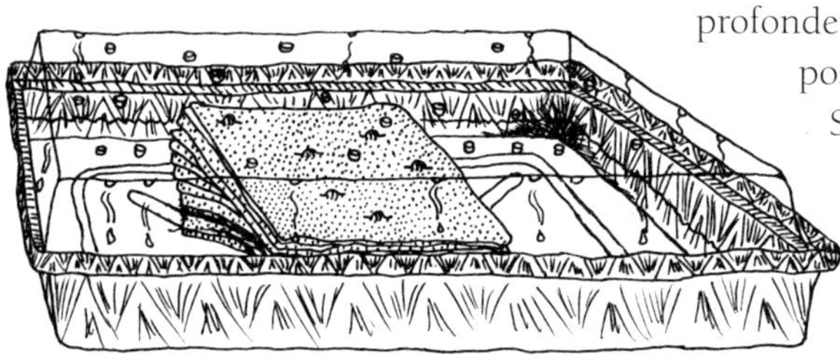

Un moule à gâteau avec son couvercle transparent font un excellent germoir.

LA GERMINATION DANS LE SABLE

Vous pouvez aussi mettre les semences à germer dans du sable horticole. Déposez une épaisseur de 3 cm de sable au fond d'un moule à gâteau et saturez-le d'eau. Rajoutez 1 cm de sable, humide mais bien égoutté, auquel vous aurez mélangé la semence, ou à la surface duquel vous la déposerez, en la râtissant légèrement à la fourchette, puis fermez avec le couvercle ou du plastique transparent. Veillez à ce que les semences ne soient pas noyées.

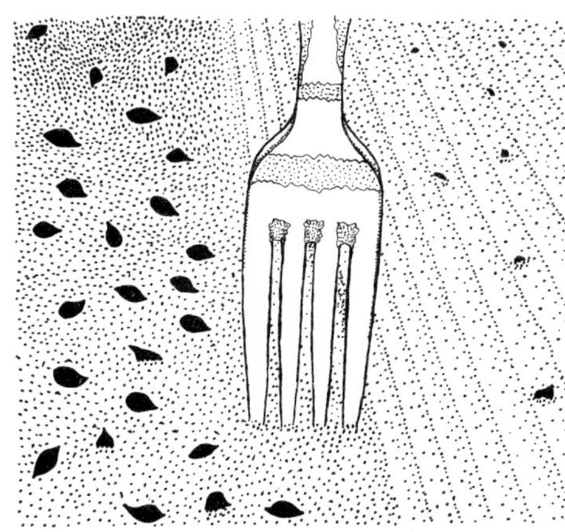

Vous pouvez utiliser une fourchette pour intégrer les semences au sable.

LES VARIANTES

À la place du buvard, vous pouvez utiliser du coton ouaté, du papier journal ou tout autre papier. Pour les espèces aimant le calcaire, vous pouvez couler du plâtre dans le fond d'un pot à yogourt pour produire un bloc de 3 ou 4 cm d'épaisseur. Dans le cas de petites graines germant sans lumière, prenez les semences en sandwich entre des feuilles de papier journal humide, roulez-les et mettez-les dans un sac en plastique.

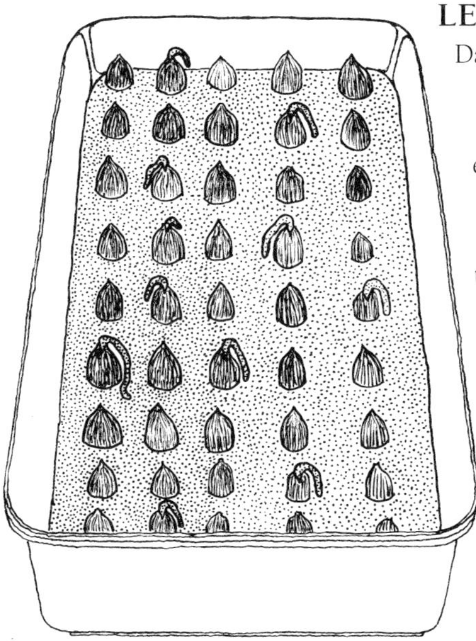

LES TESTS SUR LES GROSSES GRAINES

Dans le cas de graines à germination hypogée, coupez la graine en deux perpendiculairement à son axe, pour garder la moitié portant la radicule, et enfoncez-la légèrement dans le sable ou posez-la sur le buvard, radicule en l'air. Vous pouvez aussi mélanger les graines entières à 2 ou 3 volumes de tourbe modérément humide, que vous placerez dans un pot de fleur, à l'air ou dans un sac en plastique. Pour garder le milieu oxygéné, videz le pot tous les 2 ou 3 jours, mélangez pour éliminer la compaction, puis remettez dans le pot. Si vous gardez le pot à l'air, n'oubliez pas que les semences ont besoin d'eau en abondance. Ne plantez pas les graines ayant subi ce test, car les semis portraient des crosses dues aux changements de direction de la croissance radiculaire.

Coupez les grosses graines en deux, conservez la partie radiculée et testez-la radicule à l'air.

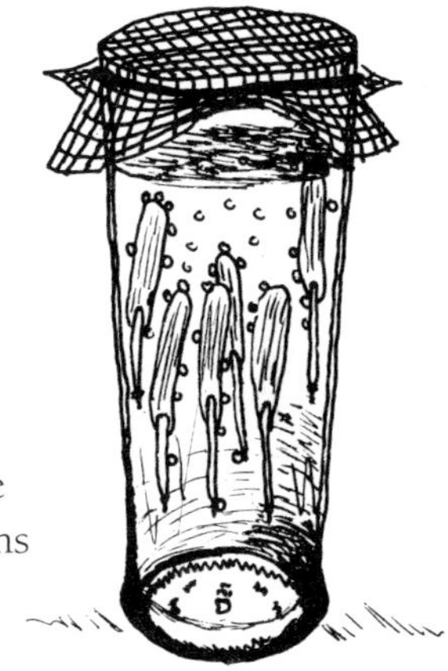

Pour faciliter les changements d'eau, fermez le verre avec de la moustiquaire.

L'IMMERSION CHAUDE

Lorsqu'elles germent, les graines respirent intensément. Elles ont besoin d'oxygène à profusion, autant que d'humidité. Certaines espèces, adaptées au milieu riverain (frêne), germent très bien en immersion totale. Mettez les graines dans un verre d'eau à la température recommandée et changez l'eau tous les jours. À cette occasion, égouttez les graines et laissez-les reposer à l'air, au moins une heure ou même toute la nuit, mais sans qu'elles sèchent complètement. Lorsque les semences sont minuscules, fermez le verre avec un élastique et de la moustiquaire pour vider l'eau sans sortir les semences.

Changez quotidiennement l'eau des graines en immersion chaude. Profitez-en pour les laisser respirer au moins une heure.

L'IMMERSION PARTIELLE

Certaines semences (platane) répondent mieux à une immersion partielle, grâce à laquelle l'oxygène de l'air est plus accessible. Mettez simplement les graines dans une assiette avec un fond d'eau, de façon à ce que les semences gorgées d'eau soient partiellement imergées, puis mettez le tout dans un sac en plastique, car l'eau va s'évaporer en moins de 8 h à 30 °C.

LA PRÉ-GERMINATION

LES GRAINES INCONNUES

Il est possible que vous récoltiez les fruits d'arbres non traités dans les *Portraits d'arbres* (p. 87). Vous devrez alors identifier l'espèce, puis faire votre propre recherche.

L'araucaria fait des cônes à écailles caduques. La dormance est physiologique.

LE CIBLAGE

Une fois l'espèce identifiée, déterminez-en, à l'aide de guides, la date de floraison et de fructification, le climat, le type de sol et le drainage préférés. En considérant la fleur et le type de fruit, vous pourrez comparer l'espèce inconnue à celles des fiches, et émettre des hypothèses sur ses stratégies reproductives. Étudiez ensuite la graine : le tégument pourrait-il être imperméable ? Est-ce en fait un péricarpe ? Les cotylédons sont-ils du type feuille ou du type réserves ? En introduisant des conditions environnementales et des rythmes rappelant ceux auxquels les graines répondent naturellement, vous pourrez déterminer les traitements les plus efficaces pour produire des semis.

Le savonnier, très ornemental, fait des graines à dormance tégumentaire.

L'EXPÉRIMATION

Rapidement après la récolte des fruits à maturité, faites un test de germination sur 3 semaines. Si le test est négatif, vous pourrez présumer qu'il y a une dormance. Évaluez d'abord si elle est tégumentaire : ouvrez et grignotez quelques graines, mettez-en quelques-unes en immersion froide puis grignoter à nouveau pour voir si l'eau a pénétré. Si ce n'est pas le cas, la dormance est tégumentaire. Scarifiez puis faites un test. S'il est négatif, la dormance est aussi physiologique : testez la réponse à la stratification. Si la réponse est toujours négative, vous êtes probablement confronté à une dormance embryonnaire. Essayez une longue stratification chaude puis fraîche (frêne) ou une alternance de périodes brèves (merisier). Pour la conservation, testez l'effet de divers degrés d'assèchement sur la survie des semences. Si elles le supportent, elles tolèrent probablement aussi le froid. Pour gagner du temps, faites des expériences simultanées.

LE SEMIS D'INTÉRIEUR

LE SOL

Les arbres poussent dans le sol et y sont adaptés. Il est donc utile de pouvoir différencier un terreau argileux d'un terreau sableux ou organique.

Les zones inondables sont très riches en matière organique.

SOL MINÉRAL OU ORGANIQUE

Le sol organique pur se différencie facilement du sol minéral : spongieux ou savonneux entre les doigts, selon qu'il est jeune ou bien décomposé, il se dissout dans l'eau qui se teinte, tout en restant transparente. Le sol minéral, en revanche, n'est pas spongieux. En suspension dans l'eau, ses particules la rendent boueuse et opaque, puis se déposent éventuellement sans la colorer.

L'ANALYSE DE SOL MINÉRAL

Mettez 500 ml de terreau minéral dans une bouteille d'un litre et demi, remplissez d'eau, secouez durant 1 minute, puis posez : le sable se dépose en 30 secondes, le limon en 20 minutes et l'argile en 3 heures. Pour obtenir l'épaisseur du limon et de l'argile, mesurez l'épaisseur du dépôt à chaque échéance, soustrayez la 1re mesure de la 2e et la 2e de la 3e . Divisez chaque épaisseur par l'épaisseur totale, pour avoir des pourcentages.

Le terreau d'empotage, préparé à partir de sols inondés, est riche en matière organique. Il est noir et gras.

RECONNAÎTRE LE SOL SUR LE TERRAIN

Dans le sol minéral, sous la couche de sol organique, prenez 1 cm^3 de terreau dans la paume de la main. Ajoutez quelques gouttes d'eau pour faire une boulette. La boulette doit être suffisamment sèche pour ne pas coller à la peau, et suffisamment humide pour avoir la consistance de la pâte à modeler ou de la mie de pain pressée. Faites rouler la boulette entre les paumes des mains, et pressez-la entre les doigts pour évaluer son élasticité.

TERREAU	BOULETTE
sable	pas de boulette
terreau sableux	très fragile et ne roule pas
terreau limoneux	fragile mais roule
terreau normal	roule bien mais pas élastique
terreau argileux	roule bien et élastique
argile (glaise)	pâte à modeler

LE SEMIS D'INTÉRIEUR

LE TERREAU D'EMPOTAGE

En début de croissance, l'arbre se satisfait d'un terreau organique, mais un sol minéral devient éventuellement préférable.

En séchant, le sol naturel devient très compact lorsqu'il est argileux.

LE SOL NATUREL

Le terreau naturel est idéal pour la mise en solution des minéraux dont se nourrissent les plantes, mais il se compacte et s'épuise lorsqu'il est en pot. En effet, il n'est pas enrichi par la décomposition de l'humus et l'eau d'arrosage le lave de ses particules porteuses de nutriments. De plus, il sèche rapidement lorsqu'il n'est pas arrosé. Vous pouvez cependant l'utiliser stérilisé, pour enrichir vos mélanges d'empotage.

LES PRODUITS DU COMMERCE

Les terreaux du commerce sont des mélanges à base de matière organique et de matière minérale grossière. Ne contenant ni argile ni limon, ils retiennent bien l'eau mais requièrent l'emploi d'engrais. Vous pouvez les utiliser tels quels, en début de croissance, ou leur incorporer du sol naturel ou d'autres matériaux. Consultez un négociant : il pourra guider votre choix selon les besoins de l'arbre.

Terreau du commerce à base de tourbe.

LE TERREAU IDÉAL

Les graines en germination sont fragiles. Elles ont besoin d'eau et de lumière mais peu de nutriments. Le terreau germinal doit donc retenir l'eau et être léger pour que les radicelles le pénètrent facilement. Lorsque l'arbre a plus de quelques mois et que son corps s'est alourdi, il a besoin d'un support physique plus solide et d'un meilleur apport en nutriments.
Le terreau d'empotage devrait alors être plus minéral et plus compact. Vous pouvez fabriquer votre propre terreau à partir des ingrédients de votre choix. Vous êtes certain de ne pas vous tromper si vous incluez du terreau minéral naturel (pour les nutriments), du sable ou de la perlite (pour le drainage), et de la vermiculite ou de la tourbe (pour la rétention de l'eau). Considérez les bseoins de l'arbre et tentez d'y répondre : sa croissance sera votre guide.

LE SEMIS D'INTÉRIEUR

L'ENSEMENCEMENT

Un appartement n'est pas un environnement naturel pour un arbre d'extérieur. Seules les essences très tolérantes à l'ombre peuvent y survivre longtemps.

En sous-bois ouvert, l'éclairage est direct mais intermittant. Seules les essences tolérantes à l'ombre survivent en sous-bois fermé.

LA NATURE DE LA LUMIÈRE

Pour sa photosynthèse, la feuille absorbe les radiations solaires ultraviolettes, bleues et rouges, et à un moindre degré les tons verts qui, réfléchis, lui donnent sa couleur. Les infrarouges calorifères ne sont pas absorbés, une adaptation qui évite à la feuille de brûler. En lumière artificielle, le néon fournit une lumière bleutée et les ampoules à filament de tungsten (ampoules standard) une lumière orangée. C'est le mélange de ces deux lumières qui remplace le mieux le soleil en terme de qualité. Il ne peut cependant l'égaler en intensité, ce qui compromet la survie des essences de lumière.

L'ÉCLAIRAGE NATUREL

Si vos plants sont intolérants à l'ombre, faites-leur passer l'été sur une fenêtre ou un balcon ensoleillé. S'ils sont d'une espèce tolérante, le soleil direct, quoi que bénéfique, n'est pas impératif. C'est la luminosité qui compte et la lumière indirecte, si elle est assez forte, devient presque suffisante à elle seule.

Pour faire leur photosynthèse, les feuilles absorbent la lumière blanche et les ultraviolets, mais pas les infrarouges.

L'ÉCLAIRAGE ARTIFICIEL

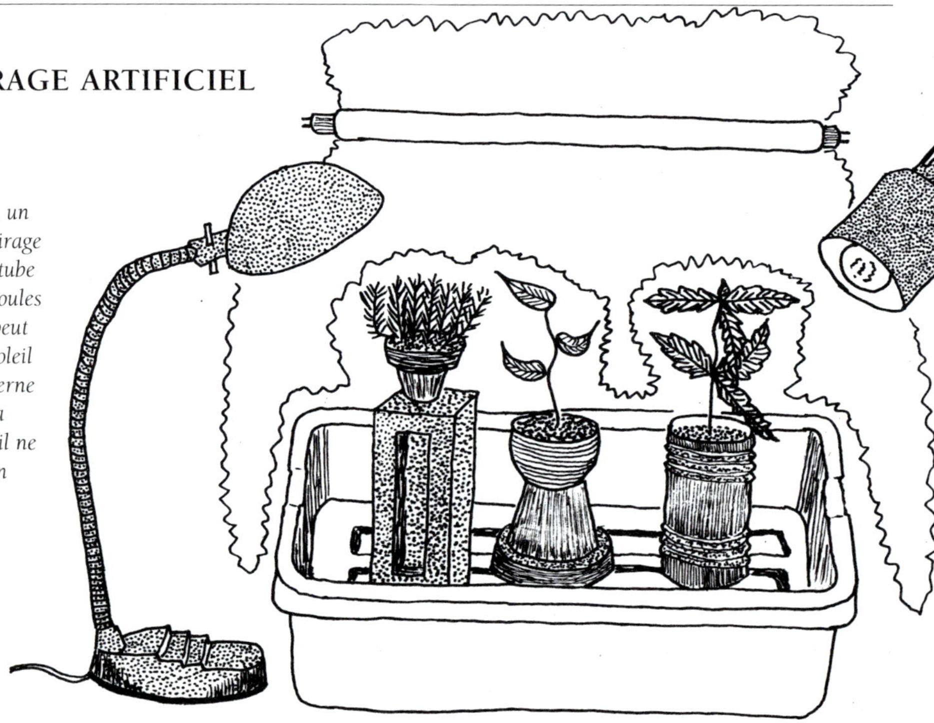

Pour la photosynthèse, un système d'éclairage composé d'un tube néon et d'ampoules au tungstène peut remplacer le soleil en ce qui concerne la qualité de la lumière, mais il ne peut l'égaler en intensité.

Si le soleil direct n'est pas accessible, ayez recours à un système d'éclairage artificiel. Il est aussi très utile durant les premières semaines de croissance. Il se compose d'au moins 1 tube au néon, et de quelques ampoules d'au moins 60 watts. Choisissez un endroit où vous pourrez arroser au brumisateur, et gardez la verdure à 10 ou 20 cm de la lumière, selon son intensité. Utilisez ce système pour compléter la luminosité du jour lorsque vous faites pousser l'été des essences de lumière à l'intérieur, et pour rallonger les journées lorsque vous faites pousser des semis hors saison.

LES POTS

Préférez les pots en terre cuite ou en plastique dur. Évitez les contenants en plastique mou, car vous casserez le sol et les racines en déplaçant les pots. Quel que soit le contenant, il doit toujours avoir un fond percé pour laisser l'eau circuler. Pour éviter d'avoir à rempoter trop rapidement, choisissez un pot d'au moins 500 ml pour les semences à germination épigée.
Pour les graines à germination hypogée, choisissez un pot de profondeur appropriée (30-40 cm).

Vous pouvez déplacer les semis pour leur donner du soleil. Choisissez des contenants rigides, en tenant compte de la vitesse de croissance des racines.

LA MISE EN POT

Mettez quelques centimètres d'épaisseur de mousse de sphaigne au fond du pot pour filtrer l'eau et retenir le terreau. Remplissez le pot aux 4/5 de sol sec, puis tassez-le en tapant le pot sur l'espace de travail. Posez les graines prégermées, avec un écart d'au moins 3 ou 4 fois la taille d'une graine, entre elles et entre elles et les parois du pot. Couvrez de sol organique ou de sable, selon la préférence de l'espèce. Arrosez longuement au brumisateur pour bien mouiller le sol sans le perturber.

LA COMPÉTITION

Sur un balcon ensoleillé, un pot de 1 litre peut produire une bonne dizaine de semis de frêne et d'érable, étroitement mélangés. Ils peuvent être prêts pour un rempotage en moins de 2 mois. Mais certaines espèces, comme le chêne, ne tolèrent pas d'être à plusieurs dans un même pot : le premier levé pousse librement, un deuxième le suit rapidement, et les autres, plus tardifs, sont sans hauteur. Si vous observez ce phénomène, laissez la nature faire sa sélection et ne gardez que le dominant.

LA CROISSANCE HORS SAISON

Les arbres reconnaissent les saisons par la durée de la nuit. En les exposant artificiellement à des périodes lumineuses et des températures estivales, vous pouvez les faire pousser hors saison. Après 3 à 4 mois de croissance, mettez-les à l'ombre et au frais pour 2 mois. Attention, cependant, cette croissance forcée peut être éprouvante pour les semis comme elle peut être lassante pour vous.

LE SEMIS D'INTÉRIEUR

L'ENTRETIEN

Les semis d'intérieur ont besoin de soins particuliers : vous devez recréer l'environnement auquel ils sont héréditairement préparés.

La croissance d'un jeune semis peut être visible de jour en jour, comme l'élongation du bourgeon durant les premières semaines. Tous deux sont faits de méristème.

LA LEVÉE DES TIGELLES

Placez les pots ensemencés dans un environnement et sur un rythme propres à la germination. Lorsqu'elle est épigée, la levée des tigelles et l'épanouissement des cotylédons dure 1 à 2 semaines. En germination hypogée, la levée des tigelles et la sortie des feuilles ne commence qu'après l'élongation de la racine, 3 à 5 semaines après la mise en pot ou plus, si le pot est profond.

LES PREMIÈRES SEMAINES

Durant ces premières semaines, c'est à la température et l'humidité qu'il faut porter attention. Les plantules doivent être exposées à des conditions printannières : période fraîche de 15 h et période chaude de 8 à 10 h. L'absence totale de lumière produit cependant des tigelles trop longues et très fragiles. Sitôt la verdure apparente, éliminez la mini-serre et placez les plantules sous éclairage. Les jeunes plantules étant très fragiles, prenez garde de ne pas perturber le sol.

LES PREMIERS MOIS

Durant les 3 ou 4 mois qui suivent la mise en pot, l'élongation de la tige s'effectue en continu ou par poussées successives, selon l'espèce, l'intensité lumineuse, la température et la disponibilité de l'eau.

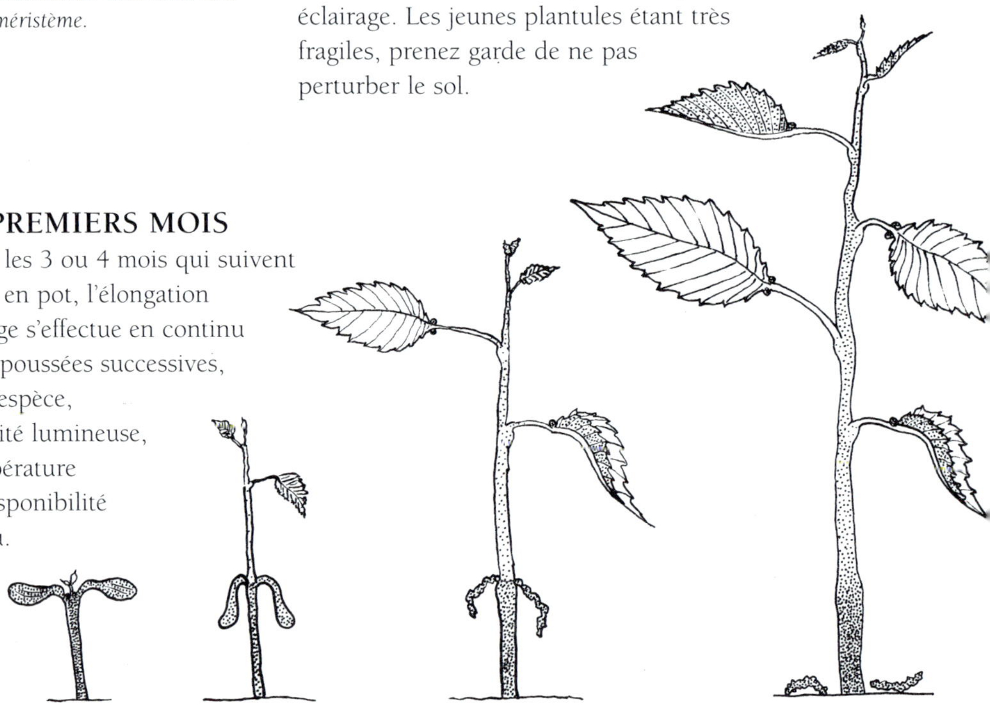

Pour avoir des semis vigoureux, placez les arbres au soleil le plus possible. N'ayez pas peur de les déplacer.

L'HIVER

La croissance des plants germés au printemps s'arrêtera en automne même si les plants sont maintenus sur un rythme estival, quoique, alors, les feuilles persisteront. Il en est ainsi parce que c'est la durée de la nuit qui déclenche leur chute. Ne tentez pas de forcer la croissance d'un arbre. Donnez-lui plutôt ce qu'il attend : le repos dans l'ombre humide et le froid. Un gel modéré pour de courtes périodes lui sera bénéfique, si le sol n'est pas trop mouillé (0 à -5 °C durant quelques nuits). Préservez-le cependant des gelées sévères ou prolongées.

Les arbres sont héréditairement préparés à une période hivernale. Ils ne peuvent répondre à une croissance forcée.

L'ARROSAGE

Le sol ne doit jamais être sec. Pour ne pas le perturber les premières semaines, arrosez au brumisateur. Par la suite, pour éviter d'avoir à arroser matin et soir, conservez les plants dans une cuvette avec un fond d'eau les alimentant par en dessous.

L'ACCLIMATATION

Lorsque vous placez vos semis à l'extérieur, prenez soin de les acclimater à la sévérité de leur nouvel environnement. Arrosez peu et ne fertilisez pas durant la semaine précedant leur sortie, pour que les tissus foliaires durcissent. Protégez-les du vent, qui pourrait déchirer les feuilles, mais surtout du soleil : commencez par des expositions brèves lorsque le soleil n'est pas au zénith (8 h à 10 h 30, 17 h à 19 h) puis augmentez progressivement l'exposition. Vous pouvez aussi les placer à mi-ombre, sous un treillis.

LE REMPOTAGE

Lorsque la croissance est lente, les arbres n'ont pas besoin d'être rempotés la première année. Lorsqu'elle est rapide, un rempotage peut être nécessaire après 1 ou 2 mois dans un pot de 500 ml.
Laissez sécher le sol pour qu'il rétrécisse, puis renversez le pot dans la paume de la main. Tapez sur le fond. Si le bloc de terreau ne sort pas, décollez-le des parois avec un couteau. Il faut un pot plus grand si de nombreuses racines atteignent les parois. Dans le nouveau pot, le collet de l'arbre doit être à la même profondeur que dans l'ancien contenant. En tenant l'arbre en place par la tige, procédez comme pour une mise en pot de graines. Si le système radiculaire est pivotant, couchez le pot à l'horizontale, s'il est fragile, ne le dénudez pas. Vous pouvez élaguer modérément les racines, si la croissance est rapide.

LE SEMIS D'EXTÉRIEUR
L'ENSEMENCEMENT

Si vous avez un potager, vous pouvez en réserver une partie pour les arbres. À défaut, allouez-leur un bout de plate-bande.

LA SAISON D'ENSEMENCEMENT

Les graines récoltées en vert doivent être semées immédiatement, dans le courant ou en fin d'été. Le succès d'un semis en vert dépendant, de façon aléatoire, du climat durant l'automne et l'hiver, vous préférerez certainement semer des graines prégermées au printemps. Mais si la dormance est physiologique et légère ou modérée, il reste probable qu'un semis de fin d'automne sera tout aussi efficace, comme lorsqu'elle est modérément tégumentaire. Dans le cas d'un hiver neigeux, vous pouvez même semer mélèze et bouleau, bien adaptés à l'hiver, directement sur la neige qui agira alors comme un milieu de stratification.

Le printemps est une bonne saison d'ensemencement.

LE SOL

Pour la plupart des essences, préférez un sol sableux bien drainé que vous arroserez souvent. Cela évitera les problèmes de fonte des semis, de moisissure ou de pourriture des racines. Évaluez la nature du sol sur 30 à 50 cm de profondeur. Si le sol est très sableux, amendez-le au besoin de vermiculite et de tourbe pour des résineux, ou de terre noire pour des feuillus. S'il est trop argileux, ajoutez-y aussi du sable, pour qu'il réponde aux besoins de l'espèce.

LE LIT SURÉLEVÉ

Un lit de germination travaillé en profondeur (30 à 50 cm), pour en éliminer toute compaction, puis surélevé de 20 cm, favorise un bon drainage. Pour surélever le lit, ajoutez de la terre de votre choix. Dans le cas d'essences à système radiculaire profond, le lit surélevé permet aussi de déraciner facilement les semis. Plutôt que de prévoir des sillons et des monticules, faites une surface plate, large d'un mètre et de la longueur qui vous convient.

LA FERTILITÉ DU SOL

Travaillez le lit de germination comme pour un potager. Enrichissez-le de compost, de feuilles ou autres matières organiques. Tenez compte des besoins particuliers de l'espèce : le hêtre, par exemple, apprécie un sol sablonneux amendé de manure, l'aulne un sol argileux et humide. L'inclusion de feuilles de la même espèce est bénéfique, car elle favorise la croissance des mycorrhizes dont les arbres ont besoin pour extraire les minéraux du sol. Pour introduire ces mycorrhizes, vous pouvez aussi mélanger au sol du terreau organique récolté au pied d'un arbre adulte de même espèce.

Sur certains sols, la matière organique est directement posée sur la roche.

LE MODE D'ENSEMENCEMENT

Il existe plusieurs façons de mettre les graines en terre. La plus courante consiste à éparpiller les semences à la volée. C'est idéal pour les grosses quantités de graines de taille petite ou moyenne, mais inadapté aux semences rares, ou aux noix dont la taille est trop grosse. Il faut alors piquer les graines dans le sol, une à une.

L'ESPACEMENT OPTIMAL

L'espacement optimal des semis varie selon leur taille. Lorsque les semis sont trop denses, leur croissance ralentit et les plus faibles meurent. Vous devez donc considérer leur vitesse de croissance et l'âge de plantation finale envisagé. Dans des conditions de croissance idéales (lumière, température, humidité, fertilité), la densité maximale d'un lit de germination devrait se situer entre 100 et 300 semis/m^2. Pour les petits semis de résineux à croissance initiale lente, 300 graines viables/m^2 donnent un lit trop dense en 2 ou 3 ans. Pour les graines à germination hypogée, 100 graines/m^2 donnent un lit surpeuplé après une saison de croissance, parfois deux. À des densités inférieures, l'entrée en compétition est retardée. Calculez le nombre de graines à semer par unité de surface en divisant le nombre de semis désirés par le taux de germination obtenu lors des tests.

LE SEMIS D'EXTÉRIEUR

L'ENTRETIEN

À l'extérieur, les semis sont plus faciles d'entretien. Les principaux facteurs de risque sont le gel et l'assèchement.

Les hivers peuvent être rudes pour les jeunes plants, particulièrement si les racines sont exposées au froid.

LA COUVERTURE

La plupart des semences germent mieux recouvertes. Couvrez de sable, tourbe ou sol, selon les préférences de l'essence. Si la couverture doit être fine, ratissez pour incorporer les semences au terreau, puis arrosez d'une pluie très fine. Il est parfois bénéfique de tasser légèrement, alors que, dans certains cas, la couverture est néfaste (saule, peuplier). Pour protéger les noix des animaux lors d'un semis d'automne, posez un grillage sur la couverture jusqu'au printemps.

LE PAILLAGE

Le paillage est une couverture supplémentaire de 3 à 10 cm d'épaisseur, ajoutée une fois l'ensemencement effectué. Il facilite l'incubation des semences en les protégeant du froid et de l'assèchement. Enlevez-le sitôt les dernières gelées passées. Utilisez des aiguilles pour les résineux, des feuilles plates pour les feuillus, de la sciure, de la paille ou même des brindilles. La toile de jute ou un film de plastique noir sont faciles à gérer.

L'OMBRAGE

Si l'espèce est tolérante à l'ombre, le plein soleil peut lui être néfaste les premières années. Installez quatre piquets aux coins du lit de germination et fabriquez un toit de protection avec du treillis, de la palissade en petites lattes, ou tout autre matériau faisant alterner ombre et lumière, au fur à mesure que le soleil avance dans sa course.

Un paillage, avec par exemple des débris ligneux, peut fournir une protection hivernale.

LE SEMIS D'EXTÉRIEUR

LA PLANTATION DÉFINITIVE

À moins de se lancer dans les bonsaïs, il faut un jour procéder à la plantation définitive de l'arbre.

Creusez un trou de la taille du système radiculaire

Vous pouvez élaguer les racines avant de planter.

LE CHOIX DU SITE

Pour que vos arbres s'épanouissent, choisissez l'espèce en fonction du sol et de la luminosité du site. Si l'enracinement est oblique ou pivotant, assurez-vous que le sous-sol est sans surprise (canalisation, fosse septique, strates compactées, etc.). Prenez en compte la taille de l'arbre adulte et l'espace qu'il occupera 50 ans plus tard. De même avec les racines : en pénétrant dans les fissures, elles les agrandissent et peuvent nuire aux constructions trop proches. Néanmoins, un arbre jeune, isolé dans un grand espace, peut paraître insignifiant : pour y remédier, plantez-en plusieurs, pour sélectionner plus tard le dominant.

L'ÂGE DE PLANTATION

L'âge de plantation est toujours exprimé par 2 chiffres qui donnent le nombre d'années recommandées dans le lit de germination, puis en transplantation : 3+2 signifie que les semis peuvent rester dans le lit de germination 3 ans, puis être transplantés plus espacés, pour pousser 2 autres années avant la plantation finale. Les semis à racine profonde sont généralement plantés directement après 1 an ou 2 (1+0 ou 2+0) à cause des difficultés de transplantation. À l'intérieur, la croissance est plus lente.

LA MISE EN TERRE

Plantez de préférence au printemps. Creusez un trou correspondant au système radiculaire. Si l'arbre provient de la pleine terre, dénudez les racines. S'il est en pot, acclimatez-le puis procédez comme pour un rempotage : sortez le bloc de terreau du pot et placez-le dans le trou. Ajoutez de la terre sèche, en gardant l'arbre dans une dépression pour que l'eau s'y accumule, tassez légèrement puis arrosez. Gardez bien humide les premières semaines.

Comblez l'espace avec du sol sec, puis gardez-le humide.

PORTRAITS D'ARBRES

Ce chapitre détaille la gestion des semences
et des semis pour 40 essences communes,
représentatives de leur genre
et choisies pour leur diversité.
Utilisez ces fiches comme un guide,
mais n'oubliez pas que la nature est variable.
L'expérimentation vous permettra
d'adapter les règles générales
aux conditions particulières de votre région.

FAMILLE DES PINACÉES

SAPIN PECTINÉ

Abies alba Mill.

Type de fruit

Essence d'ombre et de montagne, le sapin pectiné préfère les climats froids et humides et les sols riches, profonds et frais. Son système radiculaire oblique s'adapte cependant aux sols minces et l'espèce pousse aussi bien sur sol calcaire que siliceux. C'est une essence importante qui compose 8% de la forêt française. Son écorce porte des vésicules de résine qu'on récoltait autrefois pour en extraire la térébenthine. Il existe une quarantaine d'espèces.

Sapin à 50 ans.

REPRODUCTION

Le sapin pectiné fait des chatons mâles et des cônelets femelles sur le même arbre. La pollinisation est effectuée par le vent. Les cônes, situés sur les branches supérieures de la cime, sont érigés et se désarticulent sur l'arbre à partir d'octobre. Les graines ailées sont disséminées par le vent jusqu'en début d'hiver et leur tégument, fin et mou, est fragile et résineux.

Fleurs

Fleur femelle.

Fleur mâle.

Embryon de sapin dans son tégument (échelle : x 11).

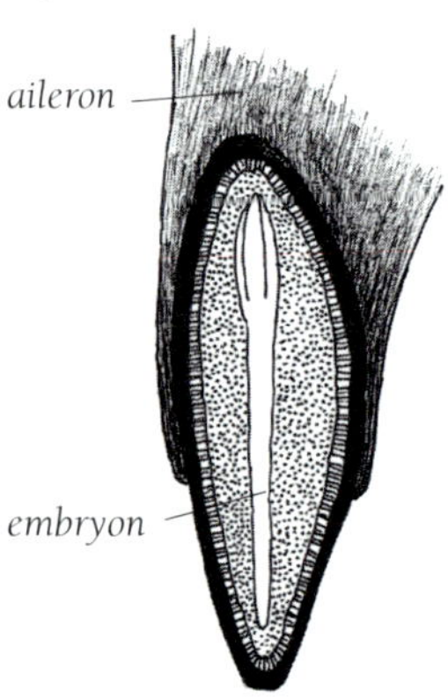

GERMINATION ET CROISSANCE

La germination, épigée, se fait au printemps suivant la floraison. Généralement, 50 à 80 % des graines (sans dormance) sont vides, et le taux de germination est faible. Les semences tolèrent l'assèchement mais peuvent devenir légèrement dormantes lorsqu'elles sont entreposées. La croissance est lente les 6 ou 7 premières années puis peut atteindre 11 m en 20 ans.

RÉCOLTE ET ENTREPOSAGE

Récoltez les cônes mûrs, de préférence juste avant la désarticulation, sur les branches basses, les arbres jeunes, les arbres abattus ou dans les caches d'écureuil, car le bois cassant rend l'escalade dangereuse. Si vous récoltez au bon moment, les cônes se désarticuleront tout seuls en séchant. Entreposez les semences en vrac, sèches et scellées, au frais, ou au froid, pour plus d'un an.

PRÉGERMINATION

Immergez les graines 24 h pour un semis d'automne immédiat. Pour un semis de printemps avec des graines entreposées au froid, dégelez progressivement et stratifiez 2 à 6 semaines sans médium ou dans le sable.

Testez la germination sur papier buvard, durant 3 à 4 semaines, à températures alternées (16 h à 20 °C et 8 h à 30 °C), avec lumière durant la période chaude. Vous pouvez aussi faire des tests à basse température (5 °C et 20 °C) dans les régions au climat moins clément.

Comme chez tous les sapins, les rameaux du sapin de Vancouver portent trois bourgeons qui donnent à l'espèce un patron de branchaison caractéristique.

SEMIS ET ENTRETIEN

Semez dans un terreau sableux ou limoneux fertile, et couvrez de 1 cm maximum. Les gelées peuvent causer des dégâts : durant l'hiver, paillez les semis d'automne et les semis d'un an. Ombrez les premières années et gardez la terre légèrement humide le premier été.

Hauteur	50 à 60 m max	Type de dormance	sans ou secondaire
Durée de vie	300 ans (max 700)	T.E. graine mûre	20 à 30 %
Âge reproductif	20 à 30 ans	T.E. d'entreposage	12 %
Date de floraison	avril-mai	Temp. entreposage	-10 à -20 °C
Date de récolte	octobre	Viabilité	6 ans +
Poids 1000 graines	40 g	Taux de germin.	20 à 50 %
		Âge de plantation	3+0 à 3+2

FAMILLE DES ACÉRACÉES

ÉRABLE PLANE

Acer platanoides L.

Type de fruit

Essence de colline et de lumière, l'érable plane tolère néanmoins l'ombre dans son jeune âge. Il préfère les climats continentaux et les terreaux calcaires, riches, profonds et légèrement humides. Son enracinement est oblique et les arbres poussent isolés ou en peuplements mélangés. Ils supportent bien l'atmosphère urbaine. Il existe divers cultivars appréciés pour leur valeur ornementale et le bois, dur et noble, est utilisé pour le placage. Il existe près de 150 espèces d'érables.

Érables d'une trentaine d'années.

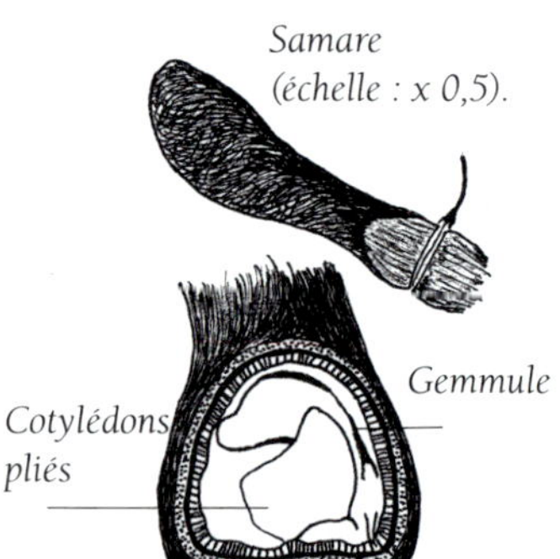

Embryon dans son péricarpe

REPRODUCTION

L'érable plane fait des corymbes de fleurs complètes aux pétales verts, quoiqu'il soit parfois polygame. La pollinisation est assurée par les insectes et les graines sont dispersées par le vent, d'octobre à novembre. L'érable plane rejette des souches et répond bien à la taille.

GERMINATION ET CROISSANCE

La germination est épigée et commence tôt, au printemps suivant la floraison. Les semences supportent l'assèchement mais sont profondément à modérément dormantes lors de la dispersion. La croissance des tiges est assez rapide après quelques années.

RÉCOLTE ET ENTREPOSAGE

Récoltez les samares à maturité sur l'arbre lorsqu'elles virent au brun et se détachent facilement. Pour un semis au premier printemps, faites-les sécher en surface et conservez les semences scellées en vrac, jusqu'à 3 mois entre +3 et -3 °C. Les semences étant encore humides, une certaine levée de la dormance s'effectuera naturellement. Pour les conserver plus longtemps, faites-les sécher et entreposez au froid. Prenez cependant garde à l'échauffement les premières semaines.

PRÉGERMINATION

Si les semences ont été entreposées au froid, dégelez-les progressivement. Stratifiez les graines 6 à 8 semaines sans médium ou dans du sable. Testez la germination sans lumière, dans le sable, à températures alternées (16 h à 3 °C et 8 h à 20 °C), durant 4 à 6 semaines.

L'érable plane en fleur est très ornemental.

SEMIS ET ENTRETIEN

Semez en vert immédiatement après la récolte ou en mars, avec des graines prégermées. Couvrez de 2 à 3 cm. Gardez le sol bien humide pour l'émergence des plantules et ombrez les premiers mois. Paillez si les températures sont inférieures à -3 °C. Vous pouvez lever les semis sur 6 à 8 cm au premier automne, pour favoriser la croissance radiculaire.

Hauteur	20 à 30 m
Durée de vie	300 à 400 ans
Âge reproductif	20 à 40 ans
Date de floraison	avril-mai
Date de récolte	septembre-octobre
Poids 1000 graines	140 g
Type de dormance	physiologique
T.E. graine mûre	60 % (sept.) à 33 % (nov.)
T.E. d'entreposage	8 %
Temp. entreposage	-3 à -10 °C
Viabilité	3 ans
Taux de germin.	50 à 70 %
Âge de plantation	2+0 à 2+2

FAMILLE DES HIPPOCASTANACÉES

MARRONNIER COMMUN

Aesculus hippocastanum L.

Type de fruit

Le marronnier a grande prestance et se rencontre sur de nombreux boulevards, bien qu'il soit très sensible à la pollution urbaine. C'est une essence de lumière qui a besoin d'espace. Probablement oblique, son enracinement est important. Le marronnier ne supporte ni le grand froid ni la sécheresse. Essence de vallée, il pousse rarement à plus de 800 m d'altitude où il ne fleurit plus. Il préfère les sols frais, riches, profonds et bien drainés. Il existe près de 25 espèces de marronniers.

Marronniers d'une cinquantaine d'années.

REPRODUCTION

Le marronnier fait des chandeliers de fleurs complètes. Elles deviennent mâles par avortement du pistil sur la partie supérieure de l'inflorescence. Pollinisées par les insectes, elles portent une tache sur les pétales qui change de couleur lorsque le nectar est épuisé. Les marrons sont dispersés en septembre-octobre par les rongeurs. On les traite comme des noix, mais ce sont en fait de grosses graines véritables. L'espèce répond bien à l'élagage si bien qu'il n'est pas rare de la voir taillée en têtard.

Demi marron (echelle : x 1).

embryon dans son tégument

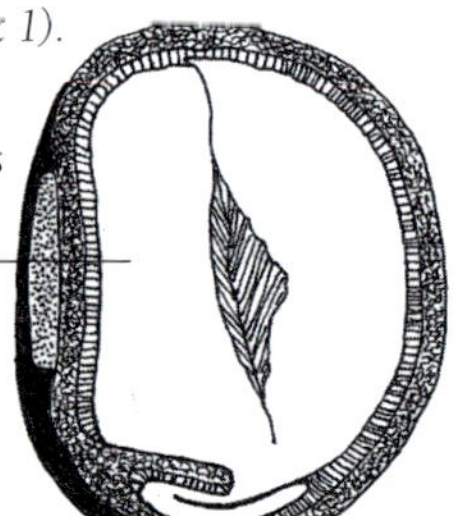

GERMINATION ET CROISSANCE

La germination hypogée a lieu tôt le printemps, 8 à 10 mois après la floraison. Les semences ne supportent pas l'assèchement. Elles sont profondément dormantes lors de la dispersion. La croissance est rapide (12 m en 20 ans)

RÉCOLTE ET ENTREPOSAGE

Récoltez les marrons au sol, peu après leur chute. Évitez les marrons tombés sur l'asphalte car la chute sur une surface dure les abîme. Entreposez-les dans la tourbe ou stratifiez-les directement sans scarifier.

PRÉGERMINATION

Stratifiez 6 mois dans le sable ou 2 à 4 mois pour les graines scarifiées. Testez la germination en 3 semaines sans lumière, dans le sable, à températures alternées (16 h à 20 °C et 8 h à 30 °C).

SEMIS ET ENTRETIEN

Scarifiez puis semez en vert après la récolte, ou stratifiez pour semer en mars-avril. Semez dans un sol fertile, sableux et bien drainé car les semis sont sensibles à la pourriture des racines. Piquez les graines à 3 ou 5 cm puis arrosez. Paillez au besoin. Arrosez modérément après la levée des plantules. Vous pouvez lever les semis sur 10 à 15 cm au premier automne, pour favoriser la croissance radiculaire.

Écorce de marronnier

ESPÈCES SEMBLABLES

La plupart ressemblent au marronnier commun mais certains sont sans dormance, notamment *A. californica* et *A. pavia*.

Hauteur	20 à 30 m
Durée de vie	250 à 300 ans max
Âge reproductif	20 ans
Date de floraison	avril-juin
Date de récolte	septembre-octobre
Poids 1000 graines	15 kg
Type de dormance	physiologique-tégumentaire
T.E. graine mûre	50 à 60 %
T.E. d'entreposage	45 à 40 %
Temp. entreposage	0 à + 5 °C
Viabilité	1 an et demi
Taux de germin.	80 %
Âge de plantation	1+0 ou 2+0

FAMILLE DES SIMAROUBACÉES

AILANTHE

Ailanthus altissima (Mill.) Swingle

Originaire de Chine et abondamment planté, l'ailanthe n'est plus guère en faveur. Ses fruits, son écorce et ses feuilles pennées, qui peuvent atteindre 90 cm lorsqu'il est jeune, sont décoratifs mais il est envahissant. Son système radiculaire latéral est très étendu et drageonne abondamment. C'est une espèce pionnière, à la semence trop généreuse, une essence de lumière tolérant bien le froid, la sécheresse et les sols pauvres ou compactés, mais dont les feuilles sont toxiques et la sève irritante. Ses fleurs mâles émettent une odeur si violente qu'on préfère ne garder que les arbres femelles.

Type de fruit

REPRODUCTION

L'ailanthe est dioïque et parfois polygame. Il fait des panicules de fleurs imparfaites pollinisées par le vent. Les graines, mûres en octobre, persistent une partie de l'hiver et sont dispersées par le vent. En plus de drageonner, l'ailanthe fait des rejets de souche qui peuvent pousser de 3 cm par jour.

Ailanthes d'une vingtaine d'années.

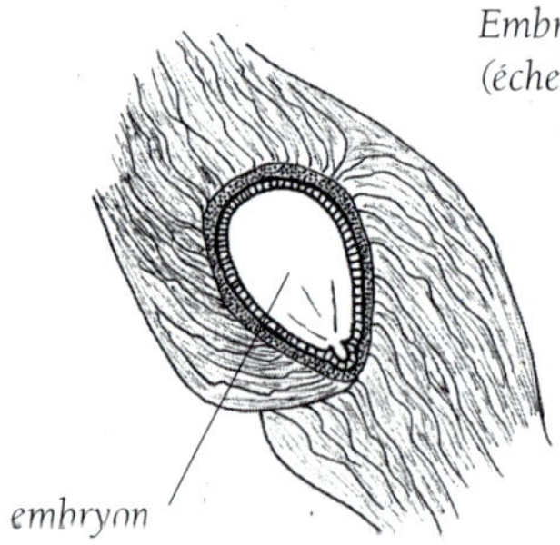

Embryon dans son péricarpe (échelle : x 2).

GERMINATION ET CROISSANCE

La germination épigée se fait au printemps, 1 an après la floraison. Les semences supportent bien l'assèchement et la dormance est modérée. La croissance juvénile est très vigoureuse et la tige peut atteindre 13 m en 20 ans.

RÉCOLTE ET ENTREPOSAGE

Récoltez les samares sur l'arbre lorsqu'elles virent au brun et se détachent facilement. Si l'intérieur de la graine est encore humide, il y a risque d'échauffement. Étalez alors le produit de la récolte pour qu'il sèche lentement. Entreposez les samares sèches en vrac, scellées et au frais.

PRÉGERMINATION

Stratifiez dans le sable 1 ou 2 mois. L'immersion durant plus d'une journée fait baisser le taux de germination. Testez la germination sur papier buvard à températures alternées (16 h à 20 °C et 8 h à 30 °C) 3 semaines avec lumière durant la période chaude.

SEMIS ET ENTRETIEN

Semez les graines stratifiées en avril, dans un sol fertile et bien drainé, même un peu sablonneux. Visez un semis espacé car la croissance est rapide et le système radiculaire important. Couvrez de 1,5 cm de terre. L'ailanthe est assez facile d'entretien.

Les graines abondantes et colorées, les feuilles pennées et l'écorce de l'ailanthe sont très ornementales.

Hauteur	25 à 30 m	T.E. d'entreposage	10 à 12 %
Durée de vie	autour de 150 ans	Temp. entreposage	-3 à +3 °C
Âge reproductif	15 à 20 ans	Viabilité	3 ans et +
Date de floraison	juin-juillet	Taux de germin.	20 à 50 %
Date de récolte	octobre-novembre	Âge de plantation	1+0 ou 2+0
Poids 1000 graines	32 g		
Type de dormance	physiologique		
T.E. graine mûre	15 à 40 %		

FAMILLE DES BÉTULACÉES

AULNE GLUTINEUX

Alnus glutinosa (L.) Gaertn.

Arbre des sites inondés, l'aulne glutineux est une essence de lumière à l'enracinement superficiel. On l'utilise aujourd'hui pour fixer les berges instables. L'aulne préfère les sites fertiles, mais non calcaires. Il forme, rarement et seulement sur terrain très humide, des peuplements. Il existe une trentaine d'espèces d'aulnes.

Jeune aulne d'une vingtaine d'années.

Type de fruit

REPRODUCTION

L'aulne glutineux fait des grappes de chatons mâles et de cônelets femelles sur le même arbre. La fertilisation des ovules s'effectue 3 ou 4 mois après la pollinisation, puis les embryons maturent en moins de 2 mois. La pollinisation est assurée par le vent, comme la dispersion des graines après les premières gelées (jusqu'à 60 m de l'arbre). L'eau reste cependant le véhicule privilégié. En effet, les semences flottent et conservent leur capacité germinative même après 12 mois de flottaison. L'aulne peut faire de vigoureux rejets de souche.

GERMINATION ET CROISSANCE

La germination, épigée, a lieu 1 an après la floraison. Les semences supportent très bien l'assèchement, même total. Fraîches, elles germent spontanément si elles sont exposées à la lumière. Lorsqu'elles sèchent, en revanche, elles deviennent profondément dormantes et doivent être réhydratées au frais. La croissance est rapide (12 m en 20 ans).

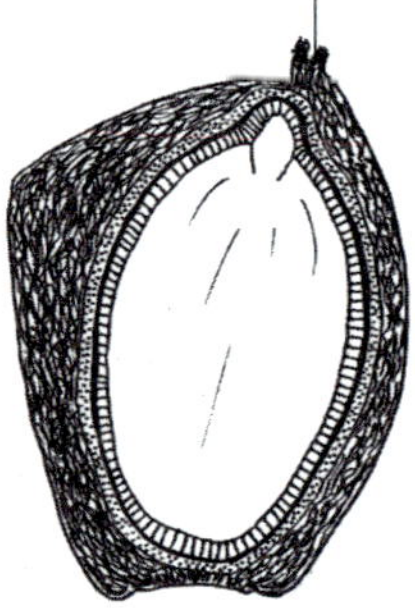

Embryon dans son péricarpe (échelle : x 5).

Fruit (échelle : x 1).

RÉCOLTE ET ENTREPOSAGE

Récoltez les cônes sur l'arbre juste avant qu'ils ne s'ouvrent et étalez-les pour qu'ils sèchent. S'ils sont un peu verts, ils s'ouvriront à 20 °C, en moins de 3 semaines. Extrayez les graines au moyen d'un sac-tambour ou en tapotant les cônes sur une surface dure. Entreposez les graines bien sèches et scellées, au frais ou au froid.

PRÉGERMINATION

Stratifiez les graines 1 à 2 mois dans la neige, le sable ou la tourbe. Vous pouvez augmenter le taux de germination en faisant suivre la stratification d'une congélation de 2 ou 3 jours à -20 °C. Si vous avez entreposé les graines au froid, dégelez-les progressivement avant la stratification. Testez la germination en 2 semaines sur papier buvard à températures alternées (16 h à 20 °C et 8 h à 30 °C), avec lumière blanche ou jaune-rouge durant la période chaude, ou par immersion totale.

L'aulne glutineux affectionne particulièrement le milieu riverain.

SEMIS ET ENTRETIEN

Semez à la volée en mars-avril dans un sol un peu limoneux ou argileux. Râtissez puis tassez au rouleau ou à la pelle pour couvrir de 5 mm au maximum. Gardez le lit de germination très humide les 6 premières semaines. Le risque de fonte des semis est élevé. Ombrez modérément et paillez le premier mois. Vous pouvez aussi semer sur la neige, puis pailler jusqu'à la fin des gelées. Les semis sont très sensibles à l'assèchement des racines.

Hauteur	20 m, max 30 m	T.E. graine mûre	10 à 20 %
Durée de vie	100 à 300 ans	T.E. d'entreposage	3 à 5 %
Âge reproductif	10 à 30 ans	Temp. entreposage	-5 à -10 °C
Date de floraison	mars-avril	Viabilité	5 ans et +
Date de récolte	octobre-novembre	Taux de germin.	20 à 90 %
Poids 1000 graines	1,5 g	Âge de plantation	1+0 ou 2+0
Type de dormance	photosensible-physiologique		

FAMILLE DES BÉTULACÉES

BOULEAU VERRUQUEUX

Betula verrucosa Ehrh.

Type de fruit

Le bouleau verruqueux se reconnaît à son écorce blanche et à ses feuilles losangiques à marge dentée. Espèce pionnière de pleine lumière, très décorative et aux nombreux cultivars, il préfère les climats froids à courte saison de croissance, et les sols siliceux, légers ou pauvres, et un peu humides. Son système radiculaire est dense et superficiel. De distribution pan-européenne, il pousse en plaine dans le Nord et dans la plupart des montagnes jusqu'à 2000 m d'altitude. Il forme rarement des peuplements purs. Il existe une quarantaine d'espèces de bouleaux.

Bouleau d'une vingtaine d'années.

bourgeon

REPRODUCTION

le bouleau fait, sur le même arbre, des chatons mâles et des cônelets femelles allongés. La pollinisation, assurée par le vent, dure environ une semaine. La fertilisation suit rapidement. Un arbre adulte en bonne santé peut produire plus de 10 millions de graines par an. Disséminées par l'eau comme par le vent en automne et en hiver, elles peuvent parcourir des kilomètres. Le bouleau peut drageonner.

Embryon dans son péricarpe (échelle : x 8).

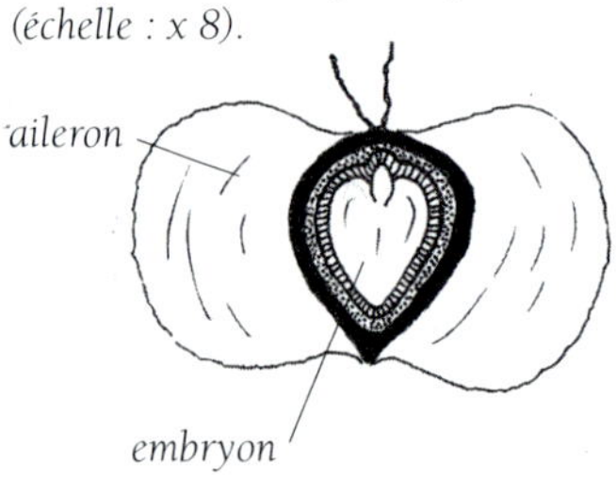

GERMINATION ET CROISSANCE

La germination, épigée, a lieu 1 an après la floraison. Les graines, qui supportent très bien l'assèchement, mais deviennent alors profondément dormantes, ne le sont que modérément à maturité. La croissance des tiges est assez rapide (12 m en 20 ans).

L'écorce de bouleau, ignifuge, est idéale pour faire un feu de camp sous la pluie.

RÉCOLTE ET ENTREPOSAGE

Récoltez les cônes sur l'arbre lorsqu'ils sont friables, un jour ensoleillé car les cônes humides ou verts sont sujets à l'échauffement. Faites-les sécher 1 à 3 semaines puis effritez-les. Si vous êtes perfectionniste, séparez la semence des écailles de cône avec un sèche-cheveux. Vous pouvez conserver les semences sèches jusqu'à 3 mois dans un sac en papier à température ambiante, mais il vaut mieux entreposer scellé, sec et frais, ou, mieux, très sec et très froid.

PRÉGERMINATION

Levez la dormance en immergeant les graines 7 jours à 6 °C suivis d'une exposition de quelques heures à la lumière blanche ou rouge, ou en les stratifiant 1 à 2 mois dans le sable entre 0 et -10 °C. Si vous avez entreposé les graines au froid, dégelez-les progressivement avant de les traiter. Testez la germination 2 ou 3 semaines sur papier buvard à températures alternées (16 h à 20 °C et 8 h à 30 °C), avec lumière durant la période chaude.

SEMIS ET ENTRETIEN

Pour un semis de printemps, tassez le sol puis semez les graines avec le sable de stratification sans autre couverture. Tassez légèrement, gardez bien humide et ombrez les premiers mois. Préférez un sol sablonneux. Si le climat le permet, prégermez lors du semis, en semant à la volée sur la neige 1 ou 2 mois avant la fonte, puis en couvrant de branches de résineux à retirer lors de la levée des tigelles. Pour obtenir des semis l'année de floraison, récoltez en août, prégermez par immersion puis semez immédiatement. Tassez puis couvrez de sable ou de sciure (2 à 5 mm pour laisser passer la lumière), humidifiez et ombrez. Plantez quand les semis ont 25 à 50 cm de haut.

Hauteur	20 à 25 m max	T.E. graine mûre	15 à 20 %
Durée de vie	100 ans	T.E. d'entreposage	4 %
Âge reproductif	5 à 15 ans	Temp. entreposage	-5 à -20 °C
Date de floraison	avril-mai	Viabilité	5 ans et +
Date de récolte	septembre-octobre	Taux de germin.	40 %
Poids 1000 graines	0,65 g	Âge de plantation	1+0 ou 2+0
Type de dormance	physiologique photosensible		

FAMILLE DES CUPRESSACÉES

LIBOCÈDRE

Calocedrus decurrens (Torr.) Florin

Type de fruit

Le libocèdre se reconnaît à son fruit en bec de canard et à ses écailles aromatiques verticillées par 4 qui persistent entre 3 et 6 ans. Originaire des montagnes Rocheuses américaines où on le rencontre entre 1000 et 2000 m sur les versants sud, il fut introduit en Europe au XIXe siècle. Certains de ses cultivars sont très prisés. Il supporte bien l'ombre et préfère les sols organiques à drainage imparfait. Son système radiculaire est latéral, très divisé et modérément profond.

REPRODUCTION

Le libocèdre fait des cônelets imparfaits des 2 sexes sur le même arbre. Ils sont pollinisés par le vent. Les cônes, terminaux sur les branches, s'ouvrent en septembre-octobre. Ils contiennent 4 graines ailées, imprégnées d'une substance aquafuge.

GERMINATION ET CROISSANCE

La germination, épigée, a lieu au printemps, 1 an après la floraison. Les graines supportent bien l'assèchement et la dormance, légère à maturité, s'approfondit avec l'entreposage. Dans les Rocheuses, le libocèdre atteint sa maturité en 300 ans. Les arbres de plus de 500 ans sont rares. La croissance n'est jamais rapide et devient presque nulle après 200 ans.

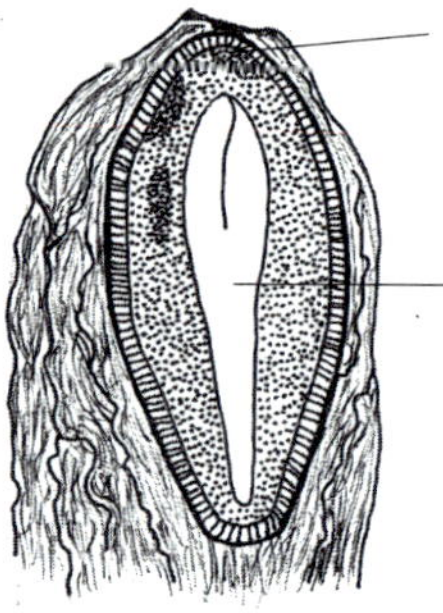

Embryon dans son tégument (échelle : x 3).

Libocèdre d'une cinquantaine d'années.

Fruit en bec de canard (échelle : x 1)

RÉCOLTE ET ENTREPOSAGE

Récoltez les cônes sur l'arbre, lorsqu'ils commencent à s'ouvrir, ou les graines, au sol avec un drap. Transportez les cônes dans des contenants qui laissent passer l'air et étalez-les rapidement car ils sont susceptibles de s'échauffer. Un séchage de 3 à 7 jours à 20 °C suffit généralement pour qu'ils s'ouvrent. Extrayez ensuite les graines avec un sac-tambour. Leur tégument est membraneux et fragile : manipulez-les avec douceur. Entreposez en vrac et scellé, sec et frais ou froid selon la durée d'entreposage prévue.

PRÉGERMINATION

Pour un semis de printemps, testez la germination au sortir de l'entreposage pour déterminer si les graines sont dormantes. Si oui, stratifiez 1 ou 2 mois, sans milieu ou dans le sable. Dégelez les graines entreposées au froid progressivement avant de les traiter. Testez la germination en 4 semaines avec lumière sur papier buvard, à températures alternées (16 h à 15 °C et 8 h à 25 °C).

Écailles verticillées par quatre.

En vieillissant, l'écorce prend l'apparence de celle du séquoia.

SEMIS ET ENTRETIEN

Semez en vert en octobre-novembre ou, mieux, les graines prégermées en avril. Préférez un sol fertile et riche en matière organique. Couvrez de 1 cm. Gardez le sol humide et ombrez légèrement. Les semis sont sensibles aux gelées tardives et le milieu humide favorise la fonte des semis. Plantez définitivement en situation chaude, abritée et ombragée.

Hauteur	35 m (max 70 USA)	T.E. graine mûre	15-30 %
Durée de vie	300 à 500 ans	T.E. d'entreposage	10 %
Âge reproductif	10-30 ans	Temp. entreposage	- 20 °C
Date de floraison	mars-avril	Viabilité	10 ans
Date de récolte	septembre-octobre	Taux de germin.	20 - 50 %
Poids 1000 graines	35 g	Âge de plantation	1+1 à 2+2
Type de dormance	physiologique		

FAMILLE DES CORYLACÉES

CHARME COMMUN

Carpinus betulus L.

Type de fruit

Charme d'une dizaine d'années.

Essence d'ombre des climats continentaux, le charme se rencontre en plaine à moins de 800 m d'altitude. Il préfère les terreaux sableux fertiles modérément ou bien drainés. Il supporte mal les sols marécageux ou organiques acides. Son système radiculaire est superficiel. Ses feuilles ressemblent à celles de l'orme mais sont gauffrées avec une base symétrique. L'écorce, lisse, est brun-vert et le tronc a l'air musclé. Le bois, dur et cassant, brûle bien. On en fait des étals de bouchers et des queues de billards. La chênaie-charmaie compose 6 % de la forêt française. Il existe 26 espèces de charmes et 10 d'ostryers (genre *Ostrya*), proches des charmes.

REPRODUCTION

Le charme fait des chatons imparfaits des 2 sexes sur le même arbre. Ils sont pollinisés par le vent et les fruits sont mûrs à partir d'octobre. Ils sont alors dispersés par le vent et les oiseaux. Coupé, le charme fait des cépées. Il répond aussi très bien à la taille.

Embryon dans son péricarpe ligneux (échelle : x 4).

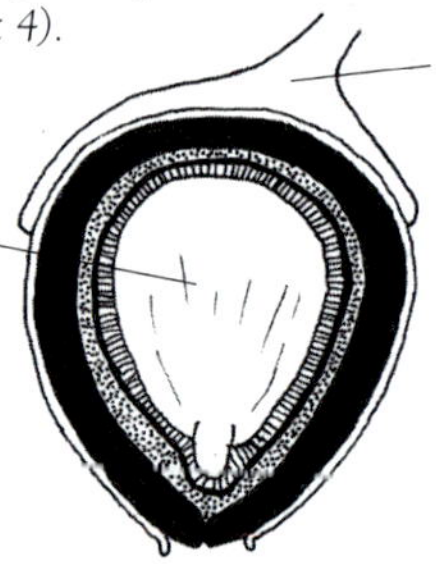

GERMINATION ET CROISSANCE

La germination, épigée, n'a lieu qu'au deuxième printemps après la floraison, parce que l'embryon est immature et que la dormance est profonde. Les semences supportent l'assèchement et la croissance initiale des semis est assez lente.

Les feuilles gaufrées ont une base symétrique.

RÉCOLTE ET ENTREPOSAGE

Récoltez tôt sur l'arbre et semez en vert pour une germination au printemps suivant, ou bien mûr pour entreposer. Les semences vertes sont très sensibles à l'échauffement. Semez-les ou stratifiez-les immédiatement avec l'involucre. Pour les graines mûres, retirez l'involucre par battage ou en roulant les graines entre les paumes des mains. Entreposez sec et scellé, en vrac entre -3 et +3 °C.

Les semences avec la bractée sont très sensibles à l'échauffement parce que celle-ci est photosynthétiquement active.

PRÉGERMINATION

Stratifiez 1 mois dans le sable à 20 °C, puis 3 ou 4 mois à 3 °C. Si les graines germent quelques semaines trop tôt en stratification fraîche, congelez le tout jusqu'à la date du semis. Testez la germination 5 à 10 semaines sans lumière dans le sable, à températures alternées (16 h à 3 °C et 8 h à 20 °C).

SEMIS ET ENTRETIEN

Semez en vert avec l'involucre en août, ou semez les graines stratifiées en avril, dans un sol riche gardé continuellement humide. Couvrez sans dépasser 1,5 cm. Paillez les graines semées en vert si la température du sol descend en dessous de -3 °C. Les gelées tardives peuvent endommager les jeunes semis. Ombrez les semis durant le premier été.

Hauteur	10 à 25 m	T.E. graine mûre	15 à 30 %
Durée de vie	80 à 120 ans	T.E. d'entreposage	8 à 10 %
Âge reproductif	10 à 30 ans	Temp. entreposage	-3 à -5 °C max.
Date de floraison	mai-juillet		
Date de récolte	août ou octobre-novembre	Viabilité	6 ans et +
Poids 1000 graines	35 - 45 g	Taux de germin.	10 à 90 %
Type de dormance	physiologique-embryonnaire	Âge de plantation	2+0

FAMILLE DES FAGACÉES

CHÂTAIGNIER

Castanea sativa Mill.

Type de fruit

"L'arbre aux cent chevaux", un châtaignier qui poussait sur le mont Etna en Sicile, avait le plus gros tronc connu (57 m de circonférence). L'espèce, typiquement méditerranéenne, est exploitée en châtaigneraies en Corse, en Ardèche et dans le Var. Modérément tolérante à l'ombre, elle pousse mal en sol calcaire et préfère un sol sableux bien drainé. Son système radiculaire se compose d'un pivot peu profond qui supporte des racines secondaires latérales. Il existe une dizaine d'espèces de châtaigniers.

Châtaignier de soixante-dix ans.

REPRODUCTION

Sur un même châtaignier, les inflorescences sont de 2 types : longs chatons mixtes (femelles à la base et mâles à l'extrémité) en position terminale sur les branches de l'année, et chatons exclusivement mâles à la base des mêmes branches. La maturation des sexes est déphasée, pour exclure l'autofertilisation. La pollinisation est assurée par le vent. Les châtaignes tombent en octobre et sont dispersées par les rongeurs.

GERMINATION ET CROISSANCE

La germination, hypogée, a lieu au printemps suivant la floraison. Les châtaignes sont légèrement dormantes à maturité. Elles ne tolèrent pas l'assèchement, ni l'entreposage en vrac scellé car le sucre qu'elles contiennent les fait fermenter. La croissance est rapide.

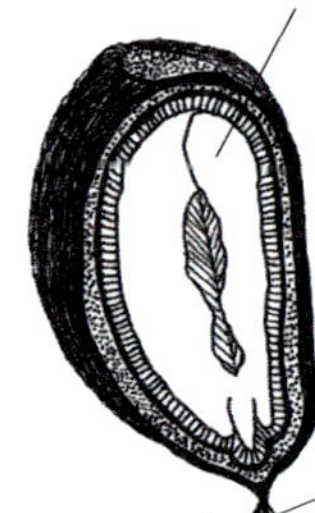

Demie châtaigne (échelle : x 1)

RÉCOLTE ET ENTREPOSAGE

Récoltez les bogues sur l'arbre lorsqu'elles s'ouvrent, ou fraîchement tombées au sol. Séparez les bonnes graines des châtaignes abîmées par flottaison : les bonnes coulent. Les châtaignes entreposées ne doivent pas transpirer car cela favorise la croissance des fungi. Si vous les récoltez dans la bogue, séchez-les légèrement à 15 ou 20 °C, une semaine au maximum. Entreposez-les ensuite dans la tourbe, au frais. Ne dépassez pas 6 mois : elles pourrissent facilement.

PRÉGERMINATION

Scarifiez légèrement puis stratifiez dans le sable 1 ou 2 mois avant de semer. Testez la germination dans le sable, à températures alternées (16 h à 15 °C et 8 h à 25 °C), durant 3 semaines sans lumière.

En début d'été, les chatons mâles donnent à l'arbre une apparence hérissée très caractéristique.

SEMIS ET ENTRETIEN

Semez dans un sol sableux et non calcaire (4 g de calcaire par 100 g de sol suffit à tuer un châtaignier). Les graines et les semis sont sensibles aux gelées. Semez en automne avec paillage ou en avril après stratification. Piquez les graines à 3 ou 4 cm de profondeur. Gardez modérément humide et ombrez légèrement le premier été.

Hauteur	25 à 30 m	T.E. d'entreposage	45 %
Durée de vie	500 à 3000 ans	Temp. entreposage	0 à +4 °C
Âge reproductif	5 à 15 ans	Viabilité	1 an
Date de floraison	juin-juillet	Taux de germin.	60 à 90 %
Date de récolte	octobre	Âge de plantation	1+0 ou 1+1
Poids 1000 graines	10 à 30 kg		
Type de dormance	physiologique		
T.E. graine mûre	50 à 60 %		

FAMILLE DES PINACÉES

CÈDRE DE L'ATLAS

Cedrus atlantica Manetti

Type de fruit

Le cèdre de l'Atlas est aujourd'hui beaucoup plus courant que le cèdre du Liban, devenu très rare. Ses aiguilles sont isolées sur des rameaux longs et en rosettes sur les rameaux courts appelés lambourdes. Le mélèze a des feuilles semblables mais caduques, alors que celles du cèdre persistent 3 ou 4 ans. Ainsi, lorsque des aiguilles isolées persistent sur les rameaux longs des 3 ou 4 dernières années, on sait qu'il s'agit d'un cèdre. On reconnaît aussi le cèdre à sa cime tombante. Le cèdre est utilisé pour le reboisement sur sols pauvres et secs, qu'il tolère très bien. Espèce pionnière très décorative, cet arbre de lumière et de montagne (1000 à 2800 m) supporte bien le froid. Son système radiculaire est important et son bois très durable est parfumé. On peut en extraire l'huile par distillation. le genre compte 4 espèces et quelques variétés.

Cèdre d'une quinzaine d'années.

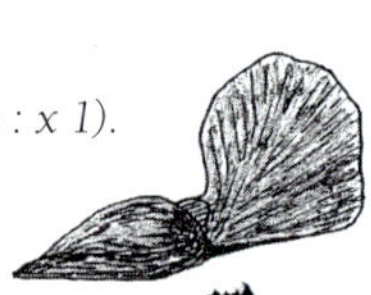

Graine (échelle : x 1).

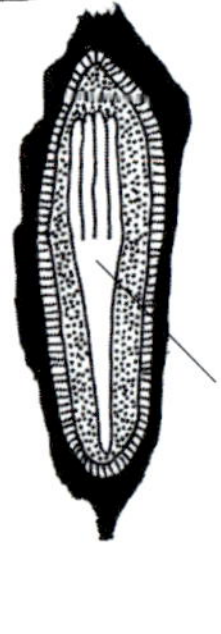

embryon

Embryon dans son tégument.

REPRODUCTION

Le cèdre fait des cônelets imparfaits des 2 sexes sur le même arbre. La pollinisation est effectuée par le vent. La fertilisation des ovules ne se fait qu'un an après et la dispersion des graines ailées par le vent suit 1 an plus tard. Le cèdre répond bien à la greffe et au bouturage.

GERMINATION ET CROISSANCE

La germination, épigée, a lieu 2 ans et demi après la floraison. Les semences tolèrent bien l'assèchement et sont sans dormance, quoiqu'une légère dormance secondaire s'installe lorsqu'elles sont entreposées. La croissance est rapide durant la jeunesse.

RÉCOLTE ET ENTREPOSAGE

Récoltez les cônes fermés sur l'arbre ou le mélange de graines et d'écailles lorsque les cônes commencent à s'effriter. Trempez les cônes fermés dans l'eau tiède pendant 48 h puis laissez-les s'ouvrir au frais. Séparez les graines des écailles à la main ou au sèche-cheveux, puis retirez les ailes en les roulant entre les paumes des mains. Entreposez scellé, très sec et frais.

Après la perte des écailles, l'axe central du cône persiste quelques années.

Écorce du cèdre de l'Atlas.

Fleur mâle chargée de pollen.

PRÉGERMINATION

Immergez les graines 3 h puis testez la germination pour voir s'il est nécessaire de stratifier. Si le taux de germination est bas, stratifiez 2 semaines dans le sable. Testez la germination dans le sable ou sur papier buvard sans lumière, à température constante de 20 °C ou température alternée (16 h à 20 °C et 8 h à 30 °C), durant 3 ou 4 semaines.

SEMIS ET ENTRETIEN

Semez en novembre, ou en avril avec le sable de stratification, dans un terreau sableux bien drainé. Arrosez modérément car il y a risque de fonte des semis. Couvrez de 1,5 cm. Paillez le semis d'automne dans les régions à climat froid. Couvrez également le semis de printemps si la température risque de descendre en dessous de 0 °C. Ombrez les jeunes semis les premières années. Les racines sont fragiles : ne transplantez qu'une fois, rapidement ou sans dénuder les racines.

Hauteur	30 à 40 m	T.E. graine mûre	10 à 15 %
Durée de vie	300 à 500 ans	T.E. d'entreposage	5 à 10 %
Âge reproductif	30 à 50 ans	Temp. entreposage	0 à +5 °C
Date de floraison	septembre-octobre	Viabilité	3 à 6 ans
Date de récolte	novembre-décembre	Taux de germin.	50 %
Poids 1000 graines	70 g	Âge de plantation	2+0 ou 3+0
Type de dormance	sans ou secondaire		

FAMILLE DES LÉGUMINEUSES

ARBRE DE JUDÉE

Cercis siliquastrum L.

Type de fruit

Originaire du Proche-Orient, l'arbre de Judée fut introduit en France durant les croisades. Très décoratif, il fleurit à même le tronc des branches. On le reconnaît à ses feuilles glabres en forme de rein. Essence des collines et des coteaux méditerranéens, il s'épanouit en pleine lumière sur sols secs, sableux ou calcaires. Son système radiculaire latéral et étendu ne porte pas de nodules fixant l'azote, contrairement à la plupart des Légumineuses. Le genre compte une dizaine d'espèces.

L'arbre de Judée en fleur est très décoratif.

REPRODUCTION

L'arbre de Judée fait des fleurs complètes : les abeilles qui les pollinisent produisent un miel délicieusement parfumé. Les graines tombent en automne et en hiver. Il est probable que dans la nature, les graines doivent être digérées pour que le tégument devienne perméable : les oiseaux et les petits rongeurs contribueraient ainsi à les disperser. L'arbre de Judée répond bien au marcottage.

Arbre de Judée d'une quinzaine d'années.

Coupe transversale.

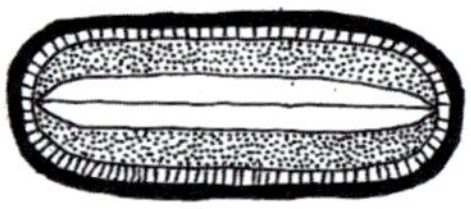

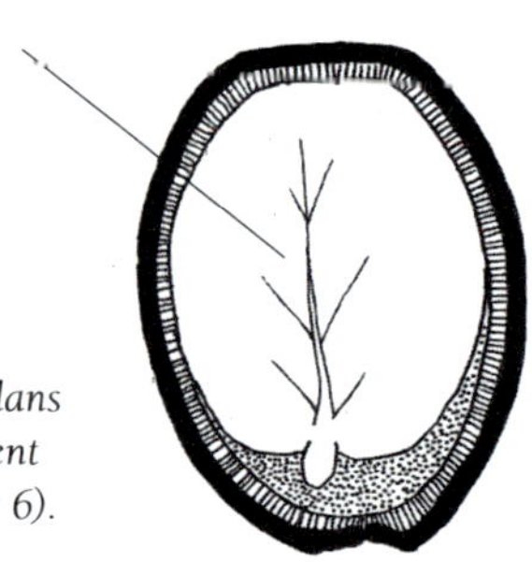

Embryon dans son tégument (échelle : x 6).

GERMINATION ET CROISSANCE

À maturité, les graines sont modérément à profondément dormantes et supportent bien l'assèchement. Leur tégument est cireux et imperméable, et la germination, épigée, a lieu au printemps, 1 à 3 ans après la floraison. Dans la nature, les graines doivent probablement être digérées pour germer rapidement. La croissance est modérément rapide (8 m en 20 ans).

RÉCOLTE ET ENTREPOSAGE

Récoltez les haricots sur l'arbre, lorsqu'ils sont devenus bruns et cassants. Broyez-les pour en extraire les graines et séparez-les des débris au sèche-cheveux, par immersion ou sur un plan incliné. Entreposez les graines bien sèches, au frais. Récoltez en septembre puis semez à l'extérieur en vert pour éviter entreposage et prégermination.

PRÉGERMINATION

Pour rendre le tégument perméable, scarifiez délicatement les graines une à une à la lime à ongles, plongez-les 1 minute dans l'eau bouillante ou passez-les 5 à 10 minutes au four à 100 °C. Stratifiez ensuite 1 à 3 mois dans le sable. Testez la germination 2 semaines sur bloc de plâtre avec lumière, à température constante de 20 °C, ou alternée (16 h à 20 °C et 8 h à 30 °C).

L'espèce a la particularité de fleurir à même le tronc.

SEMIS ET ENTRETIEN

Semez les graines vertes tôt en septembre, sans séchage ni prétraitement, ou les semences stratifiées au printemps. Semez le mélange sable-semences dans un sol sableux, calcaire, bien drainé et modérément arrosé. Couvrez les graines de 1 cm de sable. Ne transplantez qu'une fois, sans perdre de temps, et gardez les racines dénudées humides car l'arbre de Judée supporte mal le choc de transplantation. Paillez impérativement le semis d'automne sous climat froid. Les jeunes semis sont sensibles aux gelées.

Hauteur	10 m	T.E. d'entreposage	8 à 10 %
Durée de vie	60 à 100 ans	Temp. entreposage	0 à +5 °C
Âge reproductif	5 à 10 ans	Viabilité	5 à 10 ans
Date de floraison	mai	Taux de germin.	70 à 90 %
Date de récolte	septembre ou novembre	Âge de plantation	1+0 à 3+0
Poids 1000 graines	22 à 32 g		
Type de dormance	physiologique-tégumentaire		
T.E. graine mure	10 à 20 %		

FAMILLE DES CUPRESSACÉES

CYPRÈS DE LAWSON

Chamaecyparis lawsoniana (A. Murr.) Parl.

Type de fruit

Originaire d'Amérique du Nord, le cyprès de Lawson fut introduit en France en 1854. Très plastique, l'espèce comprend plus de 200 cultivars ornementaux. On la reconnaît à sa flèche tombante, à ses petits cônes sphériques aux écailles mucronées et à ses ramilles de section ovale arrangées sur un même plan. Son enracinement modérément profond est étendu. Ses feuilles en écailles persistent 3 à 4 ans. Le cyprès de Lawson est une essence de demi-ombre qui préfère les climats maritimes humides et doux. Dans les Rocheuses américaines, il pousse entre 1200 et 1800 m d'altitude. Il craint la sécheresse et pousse mieux sur sols profonds et modérément bien drainés, mais reste très tolérant quant à la nature et l'humidité du sol.

REPRODUCTION

Le cyprès de Lawson fait des chatons mâles et des cônelets femelles sur le même arbre. La pollinisation et la dispersion des graines se font grâce au vent et l'espèce répond bien au marcottage.

Arbre d'une cinquantaine d'années. Il existe de nombreuses variétés cultivées du cyprès de Lawson.

Graine (échelle : x 3).

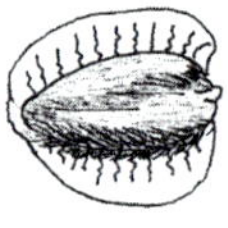

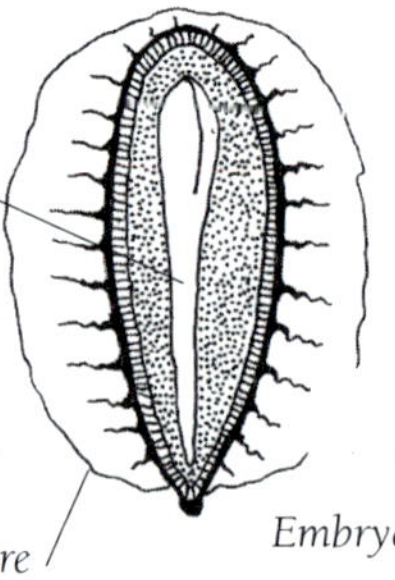

Embryon dans son tégument.

GERMINATION ET CROISSANCE

La germination, épigée, a lieu au printemps, 1 an après la floraison. À maturité, les graines sont sous l'effet d'une dormance modérée. Elles supportent bien l'assèchement. La croissance est assez rapide.

RÉCOLTE ET ENTREPOSAGE

Récoltez les cônes sur l'arbre dès qu'ils commencent à craquer. Un séchage de quelques jours suffit généralement pour que les cônes fermés s'ouvrent. Extrayez les graines à la main ou au moyen d'un sac-tambour, mais en douceur car elles s'abîment facilement. Ne les séchez pas plus de 2 ou 3 jours et entreposez-les sèches et scellées, au frais.

PRÉGERMINATION

Stratifiez 1 ou 2 mois dans le sable pour lever la dormance. Testez la germination sur papier buvard, à températures alternées (16 h à 20 °C et 8 h à 30 °C), durant 4 semaines avec lumière.

SEMIS ET ENTRETIEN

Semez en avril avec le sable de stratification dans un terreau meuble et fertile. Couvrez de 0,5 cm et gardez bien humide. Durant la première année, ombrez jusqu'au mois d'août et paillez s'il y a risque de gelée.

Le cyprès de Lawson produit de petits cônes sphériques.

Il se reconnaît facilement à ses ramilles situées sur un même plan.

Hauteur	20 m (max 80 m)
Durée de vie	300 ans (max 500 ans)
Âge reproductif	5 à 20 ans
Date de floraison	avril
Date de récolte	octobre-novembre
Poids 1000 graines	2 à 3 g
Type de dormance	physiologique
T.E. graine mûre	10 à 20 %
T.E. d'entreposage	7 à 9 %
Temp. entreposage	+1 à -20 °C
Viabilité	7 ans et +
Taux de germin.	50 %
Âge de plantation	2+0 à 2+2

FAMILLE DES CUPRESSACÉES

CYPRÈS

Cupressus sempervirens L.

Type de fruit

Introduit en France dès l'Antiquité, le cyprès se retrouve souvent dans les cimetières, peut-être parce qu'il symbolisait l'éternité pour les Romains. Son bois est incorruptible.
On reconnaît l'espèce à ses feuilles en écailles losangiques, collées par paires opposées sur les ramilles. Les cônes sont persistants et leurs écailles sont opposées. Le cyprès est une espèce méditerranéenne qui ne tolère pas les températures inférieures à -10 °C. Il est modérément intolérant à l'ombre, indifférent au type de sol et supporte très bien la sécheresse.
Le système radiculaire est pivotant, avec des racines secondaires latérales. La branchaison des ramilles est quadrangulaire et celles-ci tombent après quelques années. Il existe une vingtaine d'espèces de cyprès.

REPRODUCTION

Le cyprès fait des chatons mâles et des cônelets femelles sur le même arbre.
Les cônelets, souvent en paquets compacts, sont pollinisés par le vent. La fertilisation des ovules n'a lieu qu'un an après la floraison.
Les cônes sont légèrement sérotineux (fermés par la résine) et s'ouvrent à partir de septembre. Les graines, sans ailes, s'éloignent peu de l'arbre-mère, à moins qu'elles soient dispersées par des oiseaux qui s'en nourrissent. L'espèce répond bien au marcottage.

Graine (échelle : x 5).

Cyprès d'une cinquantaine d'années. Le bois de cette espèce est imputrescible.

GERMINATION ET CROISSANCE

La germination, épigée, a lieu 2 ou 3 ans après la floraison. Les graines, modérément dormantes à maturité, supportent bien l'assèchement. La croissance des tiges est relativement rapide (10 m en 20 ans).

RÉCOLTE ET ENTREPOSAGE

Ne récoltez que les cônes bien mûrs (plus d'un an et demi d'âge) car les cônes immatures, trop sérotineux, ne s'ouvrent pas facilement. Coupez les grappes de cônes au sécateur ou au couteau puis séparez-les. Au besoin, forcez-en l'ouverture en les trempant brièvement dans l'eau bouillante ou quelques jours dans l'eau tiède avant de les mettre à sécher. Extrayez les graines avec une aiguille.
Entreposez scellé, sec et frais.

La branchaison des ramilles est quadrangulaire. Celles-ci tombent après quelques années.

PRÉGERMINATION

Stratifiez 3 semaines dans le sable au besoin. Testez la germination durant 2 semaines avec lumière, sur papier buvard ou dans le sable, à température constante de 20 °C ou alternée (16 h à 20 °C - 8 h à 30 °C).

SEMIS ET ENTRETIEN

Semez en avril avec le sable de stratification, dans un sol sableux.
Couvrez de 5 mm. Gardez bien humide les 2 premiers mois. Les jeunes semis sont sensibles à la fonte et aux gelées tardives.

Fleurs de cyprès.

Hauteur	10 à 15 m (max 25 m)
Durée de vie	500 ans
Âge reproductif	2 à 10 ans
Date de floraison	mars-avril
Date de récolte	octobre
Poids 1000 graines	7 g
Type de dormance	physiologique
T.E. graine mûre	15 à 30 %
T.E. d'entreposage	10 %
Temp. entreposage	+1 à +5 °C
Viabilité	10 à 20 ans
Taux de germin.	30 %
Âge de plantation	2+0

FAMILLE DES ÉBÉNACÉES

PLAQUEMINIER

Diospyros lotus L.

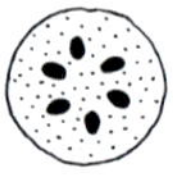

Type de fruit

Introduit en France au XVIe siècle, le plaqueminier vient d'Asie de l'Ouest. On peut en voir un sur le parvis de Notre-Dame de Paris. Il y fait des fruits abondants, mais non des graines, en raison de l'absence d'arbre mâle à proximité. Essence de pleine lumière et de climat chaud, il s'épanouit le long des rivières mais reste très tolérant quant à la nature du sol. Le système radiculaire est latéral, quoique les semis fassent un pivot qui persiste probablement à l'âge adulte. Les fruits sont des kakis âpres de la taille d'une cerise. Le genre comprend 200 espèces, surtout tropicales, dont l'ébénier et le kaki.

Plaqueminier d'une vingtaine d'années.

REPRODUCTION

Les plaqueminiers sont soit mâles soit femelles, mais leurs fleurs imparfaites sont en réalité des fleurs complètes dont l'un des sexes avorte uniformément sur l'arbre. Les fleurs sont pollinisées par les insectes et les fruits mûrissent entre septembre et novembre. Les graines sont dispersées par les oiseaux et les mammifères frugivores et les fruits maturent, qu'ils soient fécondés ou non. L'espèce est connue pour l'abondance de ses drageons.

GERMINATION ET CROISSANCE

La germination, épigée, a lieu 1 à 3 ans après la floraison, car le tégument est imperméable. Les semences, qui supportent l'assèchement, sont dormantes à maturité et la croissance est lente.

Graine vue de profil.

embryon

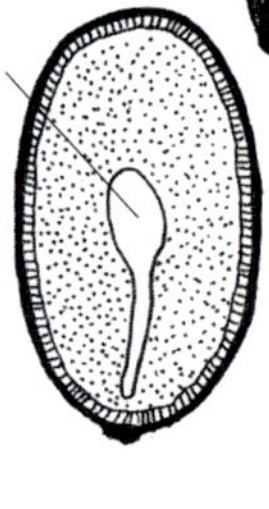

Embryon dans son tégument (x 6).

RÉCOLTE ET ENTREPOSAGE

Récoltez les fruits mûrs sur l'arbre ou au sol et faites-les macérer 1 semaine dans l'eau chaude si la chair est encore dure, puis écrasez-les pour en extraire les graines.
Ne faites sécher les graines qu'un jour ou deux pour un entreposage à court terme, plus longtemps pour un entreposage à long terme. Entreposez sec et scellé, au frais.

PRÉGERMINATION

Scarifiez le tégument ou stratifiez 2 à 3 mois dans le sable ou la tourbe. Testez la germination durant 3 semaines dans le sable, à températures alternées (16 h à 20 °C et 8 h à 30 °C).

SEMIS ET ENTRETIEN

Semez à l'automne peu après la récolte ou, mieux, faites un semis de graines stratifiées pour assurer la germination au premier printemps. Semez avec le sable de stratification dans un terreau meuble gardé bien humide. L'espèce est native de régions chaudes : protégez-la du froid s'il y a risque de gelées. Surélevez le lit de germination et plantez la 1re année, car la racine est pivotante.

Le plaqueminier fait de petits kakis de la taille d'une cerise, mais qui ne sont pas comestibles.

Hauteur	7 à 15 m	T.E. graine mûre	20 à 30 %
Durée de vie	80 à 100 ans	T.E. d'entreposage	10 %
Âge reproductif	10 à 25 ans	Temp. entreposage	+5 à +8 °C
Date de floraison	avril-mai	Viabilité	3 à 5 ans au moins
Date de récolte	octobre-novembre	Taux de germination	25 à 50 %
Poids 1000 graines	20 g	Âge de plantation	1+0 (2+0 max, pivot)
Type de dormance	tégumentaire		

FAMILLE DES FAGACÉES

HÊTRE

Fagus silvatica L.

Type de fruit

Le hêtre a de longs bourgeons, pointus et divergents, et une écorce grise et lisse qui évoque une peau d'éléphant. Essence de plaine au nord, et de montagne au sud (jusqu'à 1500 m), le hêtre forme de grands peuplements qui composent 9 % de la forêt française, sur sols sableux comme calcaires, bien drainés à légèrement humides. Il supporte bien l'ombre, ses faines sont comestibles et son système radiculaire est superficiel et important. Le genre compte une dizaine d'espèces.

Hêtre de plus de soixante-dix ans.

REPRODUCTION

Le hêtre produit sur un même arbre des chatons mâles globuleux et des fleurs femelles réunies par 2 ou 4 dans une cupule couverte de pointes molles. Les fleurs femelles sont terminales sur le rameau. Elles sont pollinisées par le vent, et les graines, qui tombent de septembre à octobre, sont dispersées par les petits rongeurs. Le hêtre drageonne, mais pauvrement.

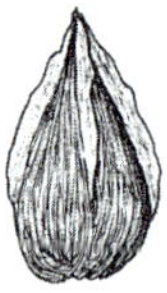

Faîne (échelle : x 1,5).

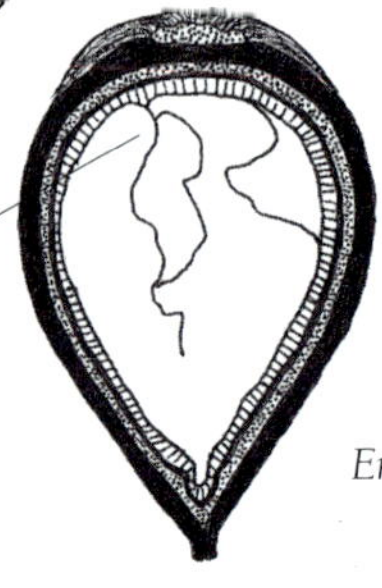

Cotylédons pliés

Embryon dans son péricarpe.

GERMINATION ET CROISSANCE

La germination, épigée, a lieu assez tôt en mars. Les semences supportent l'assèchement et le taux de croissance des tiges est modéré. Les graines sont profondément dormantes à maturité. La croissance est rapide.

RÉCOLTE ET ENTREPOSAGE

Récoltez les faines de deuxième tombée, sur un sol dégagé de débris ou couvert de bâches, ou même dans les caches d'écureuils. Ces derniers adorent les faines. Ils sont efficaces et rapides : soyez-le plus qu'eux. Vous pouvez aussi cueillir les bogues fermées sur l'arbre, et les ouvrir en les faisant sécher. Éliminez tous les débris pour ne garder que les faines. Lavez-les puis séchez-les en surface (2 jours à 20 °C). Pour conserver les graines quelques mois, entreposez sans séchage (20 à 25 % de teneur en eau) dans la tourbe, au frais, ou déshydratez-les jusqu'à 12 % de teneur en eau et entreposez-les en vrac et scellé à 3 °C. Pour une conservation de plus d'un an, déshydratez jusqu'à 8 ou 9 % puis entreposez en vrac et scellé entre -5 et -10 °C.

PRÉGERMINATION

Stratifiez 1 à 5 mois avec ou sans milieu, à 3 °C et 32 % de teneur en eau. Si vous avez entreposé les graines au froid, dégelez-les progressivement puis réhumidifiez-les par une immersion de 6 à 9 heures au maximum. Testez la germination dans le sable durant 2 mois à températures alternées (16 à 19 h à 3 °C et 5 à 8 h à 20 °C).

Hêtres en peuplement (ci-dessus) et écorce de hêtre (à droite).

SEMIS ET ENTRETIEN

Semez fin avril à début mai, dans du terreau limoneux ou sableux enrichi de fumure, à 2 ou 3 cm de profondeur. Arrosez modérément durant la croissance, paillez durant l'hiver et repiquez pour espacer les semis.

Hauteur	25 à 45 m	T.E. graine mûre	20 à 30 %
Durée de vie	200 ans (max 900)	T.E. d'entreposage	8 à 9 %
Âge reproductif	40 à 80 ans	Temp. entreposage	-5 à -10 °C
Date de floraison	avril-mai	Viabilité	13 ans
Date de récolte	septembre-octobre	Taux de germination	50 à 90 %
Poids 1000 graines	250 g	Âge de plantation	1+2 à 1+4
Type de dormance	physiologique		

FAMILLE DES OLÉACÉES

FRÊNE COMMUN

Fraxinus excelsior L.

Type de fruit

Le frêne se reconnaît à ses feuilles composées et ses rameaux épais à l'écorce lisse et aux bourgeons qui ressemblent à des pépites de chocolat. Son bois dur est très valorisé en ébénisterie. Essence de lumière et de plaine qu'on retrouve jusqu'à 1600 m, le frêne préfère les sols fertiles et riches en matière organique, imparfaitement ou mal drainés, et les climats continentaux froids. Son système radiculaire latéral est étendu et sa feuillaison tardive. Il pousse isolé ou mélangé à d'autres feuillus.

Jeune frêne d'une vingtaine d'années. Le bois de cette espèce est très dur et sert à faire des arcs.

REPRODUCTION

Le frêne produit des inflorescences imparfaites du même sexe sur un même arbre mais il est courant qu'un arbre porte quelques fleurs parfaites ou change de sexe au cours de sa vie. Les fleurs femelles sont pollinisées par le vent et les graines sont dispersées par le vent ou l'eau de novembre à mars. Le frêne fait des rejets de souche et répond bien à l'émondage.

Embryon dans son péricarpe (échelle : x 4).

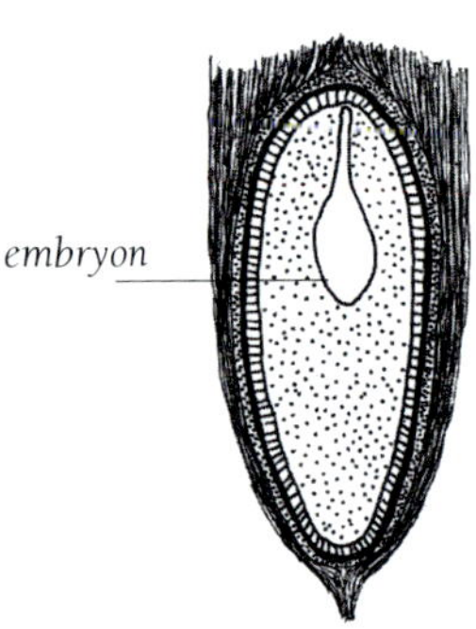

GERMINATION ET CROISSANCE

La germination, épigée, a lieu au deuxième printemps après la floraison. Les semences supportent très bien l'assèchement. Elles sont profondément dormantes à maturité et la dormance tégumentaire est due au péricarpe. Les tiges poussent de 10 m en 20 ans, en moyenne.

Fleur mâle (échelle : x 1)

RÉCOLTE ET ENTREPOSAGE

Récoltez les grappes de samares sur l'arbre, retirez-en les débris et lavez-les à l'eau. Si vous avez récolté des graines bien mûres, entreposez-les en vrac et scellé, bien sec et au frais. Semez ou stratifiez les graines vertes immédiatement.

PRÉGERMINATION

Stratifiez 4 mois à 20 °C, puis 4 mois à 3 °C. Lorsque le péricarpe est enlevé, une stratification chaude d'un mois est suffisante (l'embryon doit atteindre 80 à 90 % de la longueur de la cavité). Si vous avez entreposé les graines au froid, dégelez-les progressivement avant la stratification chaude. Testez la germination sur papier buvard ou dans le sable, sans lumière, durant 15 jours à 2 mois à températures alternées (14 h à 20 °C et 10 h à 30 °C ou 16 h à 3 °C et 8 h à 25 °C).

SEMIS ET ENTRETIEN

Le frêne craint les gelées printanières mais non les grands froids hivernaux. Semez les graines prégermées en mars-avril avec le sable de stratification. Vous pouvez aussi semer en vert début septembre, mais la germination risque alors de s'étirer sur 2 ans. Préférez un terreau riche et bien drainé et couvrez de 1,5 à 2 cm. Gardez bien humide et ombrez les premiers mois. Paillez à l'émergence des semis ou au premier hiver si les températures sont basses.

F. ornus est un des rares frênes à fleurs complètes.

Hauteur	25 à 40 m
Durée de vie	150 à 250 ans
Âge reproductif	20 à 30 ans
Date de floraison	avril-mai
Date de récolte	septembre ou novembre
Poids 1000 graines	65 à 100 g
Type de dormance	physiologique-embryonnaire-tégumentaire
T.E. graine mûre	50 à 60 % (août-sept.); 10-12 % (nov.)
T.E. d'entreposage	8 à 10 %
Temp. entreposage	-3 à -5 °C
Viabilité	10 ans
Taux de germin.	60 à 70 %
Âge de plantation	1+1 ou 2+0

FAMILLE DES GINKGOACÉES

GINKGO

Ginkgo biloba L.

Type de fruit

Le ginkgo est le seul survivant d'une famille fossile et le seul arbre à feuilles plates chez les gymnospermes. Il n'a pas changé depuis l'époque des dinosaures et ne pousse pas à l'état naturel. Cultivé de temps immémoriaux dans les jardins des temples asiatiques, il fut découvert par l'Occident au siècle dernier. Il est très résistant à la pollution atmosphérique. On ne plante que des arbres mâles car la chair des fruits est très nauséabonde et son contact peut causer une dermatose. Le noyau, cependant, est comestible et délicieux.
On peut parfois en acheter dans les quartiers chinois. L'espèce aime les climats tempérés et humides. Indifférente à la nature du sol, elle le préfère modérément humide et profond. Il est probable qu'elle est intolérante à l'ombre et que son enracinement est superficiel.

Ginkgo d'une vingtaine d'années.

REPRODUCTION

Les ginkgos sont soit mâles soit femelles. Les arbres mâles fleurissent en mars et les femelles en avril. La pollinisation est assurée par le vent et les fruits sont mûrs en octobre-novembre. Le fruit est une prune à noyau mais, techniquement, c'est une graine véritable dont le tégument est charnu. L'espèce répond bien au marcottage.

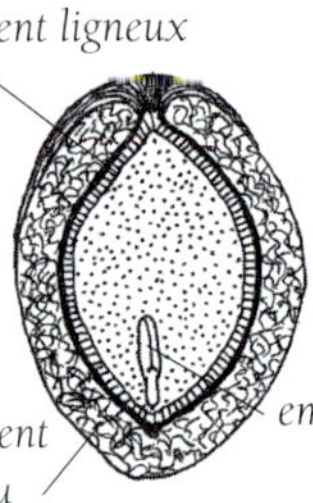

Demi-prune de ginkgo (échelle : x 1).

GERMINATION ET CROISSANCE

La germination, épigée, a lieu 1 an après la floraison et les noyaux semblent mal supporter l'assèchement. Les graines sont dormantes à maturité et la dormance est modérée.

Le patron de branchaison du ginkgo rappelle celui du mélèze.

RÉCOLTE ET ENTREPOSAGE

Achetez les graines dans un quartier chinois ou récoltez les prunes au sol, 2 ou 3 mois après leur chute. Si vous récoltez des fruits sur l'arbre, laissez-les 6 à 8 semaines dans un endroit tiède où l'odeur n'est pas un problème, pour que l'embryon mature et que la chair se décompose. Manipulez les fruits putrides avec des gants à vaisselle. Extrayez en pressant les prunes puis frottez-les dans un sac de sable. Faites sécher en surface, appliquez un fongicide et entreposez en vrac, sec et scellé.

La chair du fruit du ginkgo peut être irritante pour la peau lorsque le fruit est bien mûr.

PRÉGERMINATION

Stratifiez 6 à 8 semaines dans le sable, de préférence sans le fin tégument ligneux qui enveloppe le noyau. Les noyaux pourrissent facilement : traitez le sable aux fongicides. Testez la germination dans le sable sans lumière à températures alternées (16 h à 20 °C - 8 h à 30 °C), durant 1 à 2 mois.

SEMIS ET ENTRETIEN

Semez en novembre, après la récolte, ou stratifié au printemps, dans un sol sableux et gardé bien humide jusqu'à l'émergence des semis. Couvrez de 2 ou 3 cm.

Il existe diverses variétés horticoles de ginkgo.

Hauteur	20 m (max 40 m)	Type de dormance	embryonnaire-physiologique
Durée de vie	1200 ans	T.E. graine mûre	50 à 70 %
Âge reproductif	30 à 40 ans	T.E. d'entreposage	35 à 45 %
Date de floraison	mars-avril	Temp. entreposage	3 à 5 °C
Date de récolte	novembre-décembre	Viabilité	6 mois
Poids 1000 graines	1 à 2 kg	Taux de germin.	50 à 80 %
		Âge de plantation	2+0 ou 2+1

FAMILLE DES AQUIFOLIACÉES

HOUX

Ilex aquifolium L.

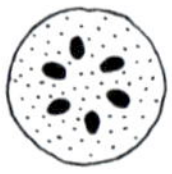

Type de fruit

Le houx est une essence d'ombre aimant les climats continentaux chauds. Ses feuilles piquantes et cirées sont une décoration classique de Noël. À l'état naturel, il pousse dispersé, en sous-bois et en hygrométrie élevée, dans les vallées abritées à moins de 1200 m d'altitude. Il préfère les sols modérément acides mais reste tolérant quant à leur nature. Son enracinement est probablement oblique ou superficiel et ses feuilles persistent 3 ans sur l'arbre. L'espèce comprend de nombreux cultivars arbustifs que l'on retrouve dans les jardins. Attention, les caractéristiques cultivées se perdent souvent par reproduction sexuée.

Houx d'une vingtaine d'années.

REPRODUCTION

Le houx fait des fleurs imparfaites à la base des feuilles, la plupart du temps du même sexe sur un même arbre. La pollinisation est effectuée par les insectes et les fruits, qui persistent en hiver, sont mangés par les oiseaux qui disséminent ainsi les graines. Abattu, le houx fait des cépées. Il répond bien aux greffes et peut se reproduire par marcottage, lorsqu'il est à l'ombre.

Graine (échelle : x 2).

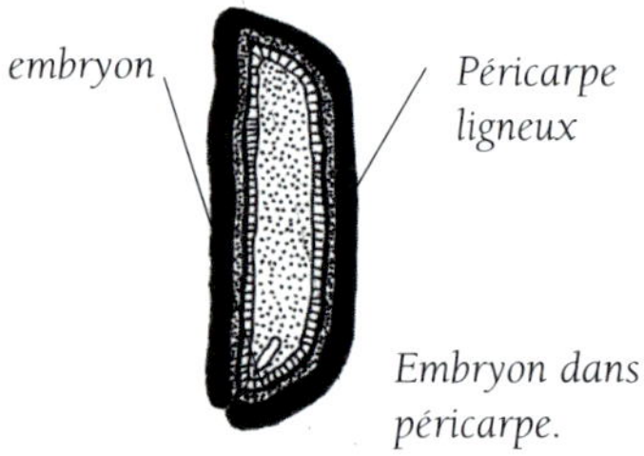

Embryon dans son péricarpe.

GERMINATION ET CROISSANCE

La germination, probablement épigée, a lieu 2 à 3 ans après la floraison. Les semences supportent bien l'assèchement mais sont profondément dormantes à maturité. La croissance est assez lente.

RÉCOLTE ET ENTREPOSAGE

Récoltez les baies sur l'arbre et faites-les macérer dans l'eau chaude quelques jours, puis écrasez-les pour en extraire les graines. Parachevez le nettoyage par frottement dans un sac de sable. La pulpe favorisant la croissance des fungi, effectuez un traitement phytosanitaire de surface avant d'entreposer sec et frais, en vrac.

La tradition veut qu'un houx planté au jardin apporte le bonheur dans la maison.

PRÉGERMINATION

Le houx est généralement multiplié par marcottage et bouturage, si bien que l'information manque sur la gestion des graines. On obtient des résultats en stratifiant 8 semaines à 20 °C ou à températures alternées 20-30 °C, suivi de 8 semaines à 10 °C. Scarifier le péricarpe est ardu, car il est dur, et les graines, petites, doivent être traitées une à une. Testez la germination sur 1 an à l'extérieur, à défaut d'une meilleure procédure.

Fleurs de houx.

SEMIS ET ENTRETIEN

Semez en avril ou en septembre avec le sable de stratification, dans un sol limoneux. Couvrez de 5 et 10 mm. La germination étant difficile, préférez un semis d'automne avec des graines stratifiées. Au printemps, gardez le sol bien humide et ombrez légèrement l'été. Protégez du froid en paillant les semis, surtout l'automne ou le premier hiver.

Hauteur	7 à 15 m (max 25 m)	T.E. graine mûre	15 à 20 %
Durée de vie	200 ans	T.E. d'entreposage	10 à 12 %
Âge reproductif	5 à 12 ans	Temp. entreposage	2 à 5 °C
Date de floraison	mai-juin	Viabilité	3 ans et +
Date de récolte	octobre-novembre	Taux de germin.	50 à 90 %
		Âge de plantation	2+3
Poids 1000 graines	8 g		
Type de dormance	physiologique-tégumentaire-embryonnaire		

FAMILLE DES JUGLANDACÉES

NOYER ROYAL

Juglans regia L.

Type de fruit

La noix de Grenoble est le fruit du noyer royal, encore connu pour son écorce thérapeutique et son bois, utilisé pour la sculpture et l'ébénisterie. Essence de lumière et de climats chauds et humides, il s'épanouit, généralement isolé, en milieu champêtre de plaines et collines sur sol calcaire, riche, profond et bien drainé. Son enracinement est pivotant avec des racines secondaires latérales ou obliques. Introduit d'Asie dans l'Antiquité, il est encore cultivé aujourd'hui en plantations dans le Périgord et le Dauphiné. Il existe une quinzaine d'espèces de noyers, dont certaines supportent mal l'assèchement ou sont sous l'effet d'une dormance tégumentaire.

Noyer d'une cinquantaine d'années.

REPRODUCTION

Le noyer fait des fleurs des 2 sexes sur le même arbre mais la floraison est décalée de 2 semaines sur un même individu. La pollinisation est effectuée par le vent et les noix sont disséminées en octobre par les rongeurs et les oiseaux qui s'en nourrissent.

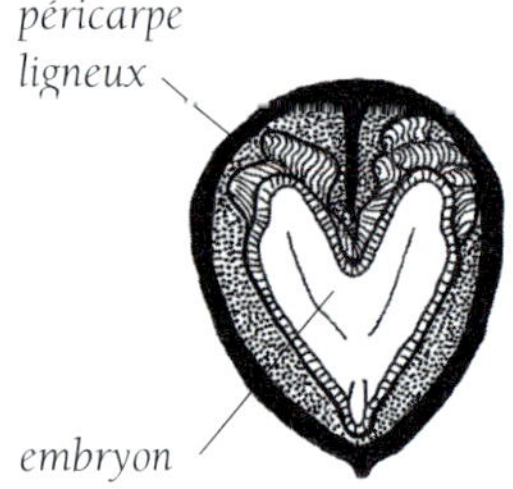

Embryon dans son péricarpe (échelle : x 0,75).

GERMINATION ET CROISSANCE

La germination est hypogée. L'émergence des semis se fait 1 an après la floraison mais la germination commence bien avant, par l'élongation de la radicule. Les graines mûres sont modérément dormantes. Elles supportent un assèchement modéré et la croissance est relativement lente (7,5 m en 20 ans).

RÉCOLTE ET ENTREPOSAGE

Récoltez les noix au sol, avant les rongeurs, ou sur l'arbre avec une gaule, lorsque le brou noircit. Il suffit alors d'une pression pour extraire la noix. Lorsqu'il pourrit et sèche, en revanche, il devient très difficile à éliminer. Faites un premier tri par flottaison : les noix vides ou mortes flottent, les bonnes coulent. Pour conserver les graines longtemps, effectuez une séchage très lent. Pour une conservation de quelques mois, ne séchez pas ; contentez-vous d'entreposer en vrac, sec et frais ou de stratifier directement.

Chez le noyer royal, les veines se courbent en approchant de la marge de la foliole.

PRÉGERMINATION

Pour un semis d'automne, immergez les noix 2 ou 3 jours au chaud. Pour un semis de printemps, immergez-les au frais pour 5 à 10 jours puis stratifiez dans le sable ou la tourbe 3 à 5 mois. Testez la germination en 5 semaines dans le sable ou le terreau organique, sans lumière, à températures alternées (16 h à 20 °C et 8 h à 30 °C).

Le brou se déchire lorsque le fruit est mûr : la noix tombe de l'involucre.

SEMIS ET ENTRETIEN

Semez les noix fraîches en octobre ou stratifiées en avril-mai, dans un terreau limoneux ou sablonneux mais riche. Piquez les noix à 5 cm de profondeur et paillez le semis d'automne car les semis sont très sensibles aux gelées. Au besoin, posez un grillage pour protéger des rongeurs. Pour rendre l'enracinement plus compact, élaguez le pivot à 20 ou 25 cm de profondeur ou bien limitez l'arrosage au minimum.

Hauteur	20 à 30 m	T.E. graine mûre	40 à 50 %
Durée de vie	150 à 250 ans	T.E. d'entreposage	15 %
Âge reproductif	15 ans	Temp. entreposage	+ 2 °C
Date de floraison	avril-mai	Viabilité	1 à 4 ans
Date de récolte	octobre	Taux de germination	80 %
Poids 1000 graines	11 kg	Âge de plantation	1+0
Type de dormance	physiolo gique		

FAMILLE DES CUPRESSACÉES

GENÉVRIER DE VIRGINIE

Juniperus virginiana L.

Type de fruit

Le genévrier de Virginie est le plus grand des genévriers. Originaire d'Amérique, il fut introduit en 1700. Ses fruits, qui entrent dans la fabrication du gin, sont en fait des cônes sphériques dont les écailles deviennent charnues. Ses feuilles sont en forme d'aiguilles acérées et d'écailles sur un même arbre. Climatiquement, le genévrier de Virginie est très rustique. Il tolère les sols calcaires ou siliceux, même pauvres, mais préfère les terreaux riches en matière organique et bien drainés. L'espèce est intolérante à l'ombre et son enracinement est profond (probablement oblique). Les feuilles restent vertes 3 à 4 ans.

Genévrier d'une quarantaine d'années.

REPRODUCTION

Le genévrier fait soit des chatons mâles soit des cônelets femelles sur un arbre donné. Les fleurs sont pollinisées par le vent et les fruits, qui tombent en octobre-novembre, sont disséminés par les oiseaux qui les mangent.

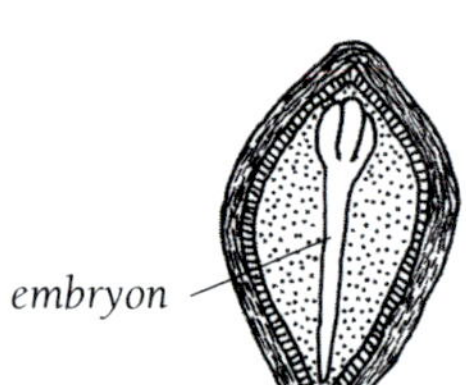

Embryon dans son tégument (échelle : x 8).

GERMINATION ET CROISSANCE

La germination, épigée, a lieu au printemps, 3 ou 4 ans après la floraison. Les graines supportent bien l'assèchement et sont profondément dormantes à maturité. La croissance des tiges assez lente (5,5 m en 20 ans).

RÉCOLTE ET ENTREPOSAGE

Récoltez les baies sur l'arbre et faites-les macérer 1 ou 2 jours dans une solution de soude caustique diluée, broyez les fruits puis extrayez les graines par flottaison de la pulpe. Faites sécher les graines 3 à 6 jours et entreposez sec et frais, en vrac et scellé.

PRÉGERMINATION

Stratifiez les graines 1 à 4 mois. Une immersion antérieure de 4 jours dans une solution à 1 % d'acide citrique suivie d'un rinçage accroît le taux de germination. Attention : la stratification à moins de 0 °C le réduit. Testez la germination dans le sable ou sur papier buvard sans lumière à températures alternées (16 h à 10 °C et 8 h à 25 °C), durant 3 semaines.

SEMIS ET ENTRETIEN

Les genévriers sont résistants à la fonte des semis et à la pourriture. Semez le mélange graines et sable de stratification dans un terreau sableux, en avril, en août ou en octobre. Couvrez de sable ou de sol, puis roulez. Arrosez modérément et ombrez les premières années. Paillez l'hiver les 5 premières années, si le climat n'est pas clément. Pour épaissir l'enracinement, levez les semis au premier automne, puis élaguez le système radiculaire lors du repiquage. Lors de la plantation finale, gardez les racines humides.

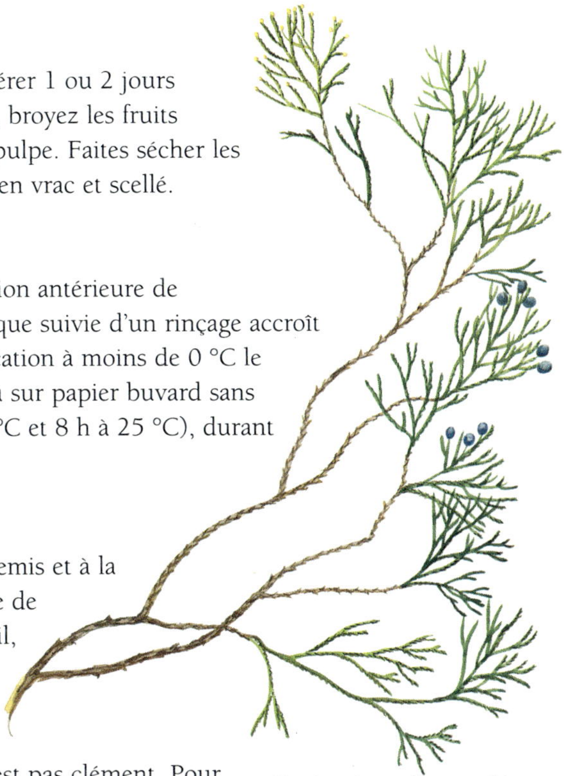

Il existe de nombreux cultivars : tous ont des feuilles en écailles et en aiguilles acérées sur un même arbre.

Les baies du genévrier sont utilisées pour la fabrication du gin.

ESPÈCES SEMBLABLES

Il existe plus de 60 espèces de genévriers et de nombreux cultivars, tous difficiles à distinguer. Certains, comme *J. communis*, *J. osteosperma*, *J. scopulorum* et *J. occidentalis*, ont un embryon immature et requièrent 2 ou 3 mois de stratification chaude à températures alternées (20-30 °C) avant la stratification froide.

Hauteur	15 m (30 max)	T.E. graine mûre	15 à 30 %
Durée de vie	300 ans	T.E. d'entreposage	10 à 12 %
Âge reproductif	10 à 20 ans	Temp. entreposage	-10 °C
Date de floraison	avril-mai	Viabilité	40 ans et +
Date de récolte	octobre-novembre	Taux de germin.	15 à 50 %
Poids 1000 graines	10 g	Âge de plantation	3+0 ou 2+2
Type de dormance	physiologique		

FAMILLE DES PINACÉES

MÉLÈZE D'EUROPE

Larix decidua Mill.

Type de fruit

Le mélèze ressemble au cèdre : ses aiguilles sont en rosettes sur des rameaux courts, les lambourdes, et isolées sur les rameaux. Mais, comme ses aiguilles sont caduques, elles sont absentes des rameaux longs de plus d'un an. On reconnaît aussi le mélèze à sa cime droite et ses cônes. Le bois de mélèze est très résineux, ce qui le rend imputrécible. Le mélèze est une essence de pleine lumière adaptée aux climats secs et froids et aux hivers longs. Il forme des peuplements en haute montagne, entre 1200 et 2400 m d'altitude, et s'épanouit sur les terreaux meubles ou sableux, modérément ou bien drainés, qu'ils soient calcaires ou siliceux. À basse altitude, on le retrouve en clairière et dans les champs agricoles abandonnés. Le genre compte une dizaine d'espèces.

Mélèze d'une vingtaine d'années.

REPRODUCTION

Le mélèze fait des chatons mâles et des cônelets femelles sur un même arbre. Le pollen est disséminé par le vent comme les graines ailées, dispersées de novembre à mars.

Graine (échelle : x 0,6)

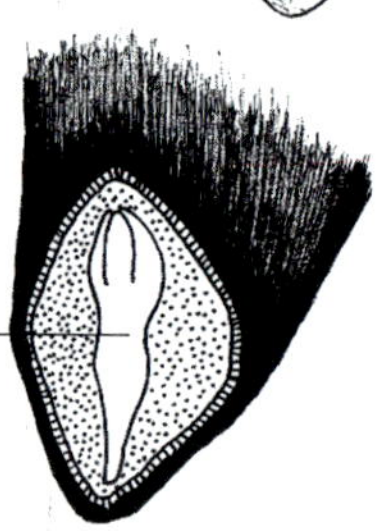

Embryon dans son tégument ailé.

GERMINATION ET CROISSANCE

La germination, épigée, a lieu au printemps 1 an après la floraison. Les graines supportent bien l'assèchement et ne sont que modérément dormantes à maturité. La croissance des tiges est assez rapide jusqu'à 50 ans.

Le mélèze est le seul résineux à feuilles caduques.

RÉCOLTE ET ENTREPOSAGE

Récoltez les cônes sur l'arbre lorsqu'ils commencent à craquer. Au Tyrol, on étend des draps sur la neige en janvier-février pour que les graines s'y accumulent. Les cônes s'ouvrent en séchant : vous pouvez en extraire les graines avec un sac-tambour ou en les tapotant sur une surface dure. Pour retirer facilement les ailes des graines, immergez-les quelques minutes. Entreposez les graines sèches et scellées, au frais et en vrac, ou très sèches et au froid pour un entreposage à long terme.

PRÉGERMINATION

Certains lots sont dormants et d'autres pas. Faites un test de germination et, au besoin, stratifiez pour 1 mois ou 2 dans le sable. Testez la germination sur papier buvard avec lumière, à températures alternées (16 h à 20 °C et 8 h à 30 °C), durant 1 mois.

À l'automne, le mélèze devient d'un jaune majestueux qui ponctue le vert des forêts de résineux.

SEMIS ET ENTRETIEN

Semez, sans stratifier, en octobre-novembre ou en avril, stratifié au besoin. Le mélèze préfère un terreau sableux, fertile et bien drainé, mais reste tolérant. Couvrez de 3 à 5 mm et gardez modérément humide. Si la semence a été stratifiée, ne couvrez pas. Tassez légèrement après le semis.

Hauteur	30 à 50 m	T.E. graine mûre	15 à 20 %
Durée de vie	250 à 600 ans	T.E. d'entreposage	6 %
Âge reproductif	10 à 40 ans	Temp. entreposage	0 à +5 °C
Date de floraison	mars à juin	Viabilité	3 à 7 ans et +
Date de récolte	septembre-octobre	Taux de germin.	30 %
Poids 1000 graines	5 à 6 g	Âge de plantation	2+0 ou 1+2
Type de dormance	physiologique		

FAMILLE DE MAGNOLIACÉES

TULIPIER

Liriodendron tulipifera L.

Type de fruit

Avec leur lobe terminal tronqué, les feuilles du tulipier sont très caractéristiques. Les bourgeons, en forme de mitre et portant de grosses stipules, le sont tout autant. Non moins étranges, les fleurs ressemblent à des tulipes et donnent un miel délicieux. Espèce pionnière en Amérique, dont il est originaire, le tulipier a la particularité de persister disséminé dans la forêt climacique. Intolérant à l'ombre, il supporte bien les gelées hivernales. Préférant les sols profonds et riches, modérément bien à imparfaitement drainés, le tulipier apprécie le bord des rivières et son enracinement est oblique et important.

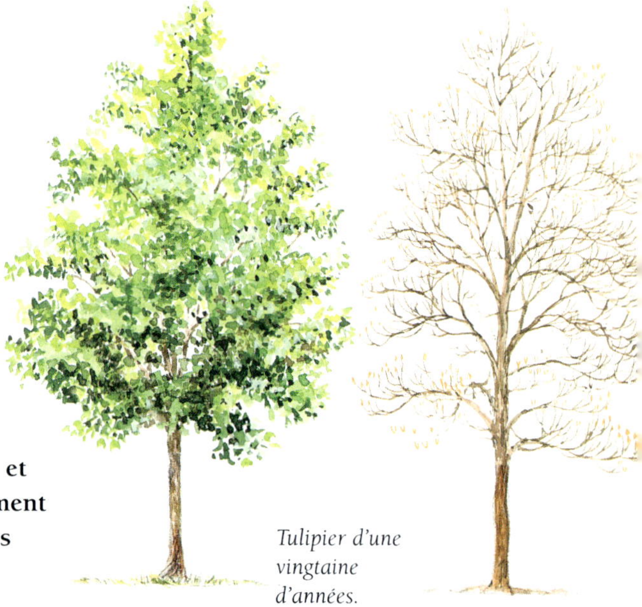

Tulipier d'une vingtaine d'années.

REPRODUCTION

Le tulipier fait des fleurs complètes. La pollinisation, assurée par les insectes, est cependant inefficace. Néanmoins, si le taux d'autofertilisation est élevé, les graines conservent longtemps leur vitalité dans le sol organique. Les fruits sont mûrs en octobre, l'année de la floraison, et s'effritent alors jusqu'en mars. Ce sont des sortes de cônes composés de carpelles individuels, en forme de samares dispersés par le vent ou l'eau, et contenant 1 ou 2 graines.

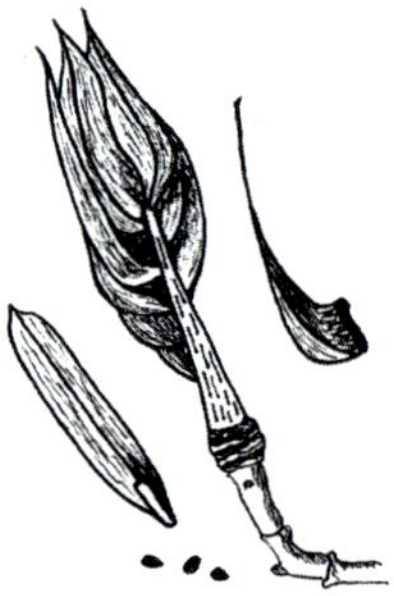

Le fruit, composé de samares, ressemble à un cône à écailles caduques.

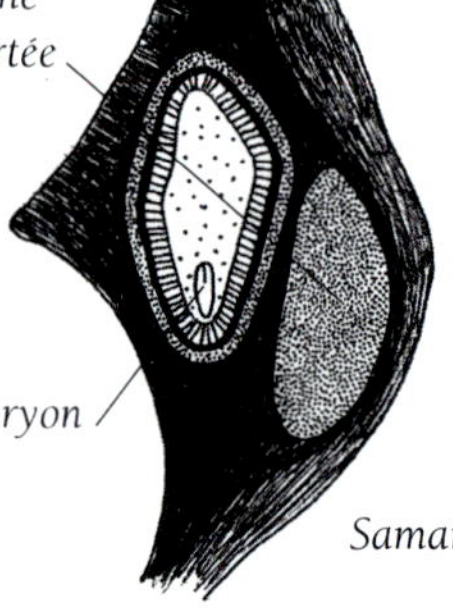

Samare désailée (échelle : x 4).

GERMINATION ET CROISSANCE

La germination, épigée, se fait 1 an après la floraison, ou plus si le sol organique est un peu humide. Les graines, qui supportent bien l'assèchement, sont profondément dormantes à maturité. La croissance est très rapide sur les bons sites (12 à 15 m en 20 ans).

RÉCOLTE ET ENTREPOSAGE

Récoltez les graines au sol ou les cônes mûrs sur l'arbre, lorqu'ils deviennent beiges. Récoltez par cueillette, par secouage ou à la gaule avec un drap, après quelques jours de soleil : ils s'ouvrent et s'effritent alors facilement. N'attendez pas trop, car les écureuils s'en nourrissent. Les cônes un peu verts s'effritent après 1 à 3 semaines de séchage. Entreposez les samares avec ou sans aileron, en vrac, sec et scellé, au frais ou, mieux, en stratification fraîche (jusqu'à 3 ou 4 ans).

Les fleurs, qui ressemblent à des tulipes de couleur vert pâle, donnent un miel délicieux.

PRÉGERMINATION

Stratifiez les graines sèches 1 à 7 mois, nues ou dans le sable, ou semez à l'automne. Testez la germination en 5 semaines, dans le sable à température alternée (16 h à 20 °C et 8 h à 30 °C), sans lumière.

SEMIS ET ENTRETIEN

Semez les graines stratifiées au printemps, ou non traitées à l'automne. Préférez un terreau sablo-limoneux riche et fertile. Au besoin, paillez à cet effet, comme pour protéger des gelées tardives. Ombrez les 2 premiers mois. La pourriture des racines est possible.

Écorce de tulipier.

Hauteur	30 m (60 m max.)	T.E. graine mûre	non déterminée
Durée de vie	200 à 300 ans	T.E. d'entreposage	7 à 8 %
Âge reproductif	15 à 20 ans	Temp. entreposage	3 à 5 °C
Date de floraison	juin ou juillet	Viabilité	5 ans et +
Date de récolte	octobre à décembre	Taux de germin.	20 à 30 %
Poids 1000 graines	23 g (samares)	Âge de plantation	1+0
Type de dormance	physiologique		

FAMILLE DE MAGNOLIACÉES

MAGNOLIA À GRANDES FLEURS

Magnolia grandiflora L.

Type de fruit

On reconnaît le magnolia à ses grandes fleurs, à sa floraison somptueuse et à ses feuilles ovales atteignant 25 cm de long, cireuses dessus et couvertes d'un duvet roux dessous, et qui persistent 2 ans. Essence de lumière et de climat chaud, le magnolia supporte bien l'atmosphère urbaine mais craint la neige et la sécheresse. Il préfère les sols profonds et humides, imparfaitement à modérément bien drainés. Son enracinement est oblique et, s'il pousse parfois disséminé en peuplements mélangés dans son Amérique d'origine, on ne le rencontre en Europe qu'isolé, pour favoriser sa floraison. Les Magnoliacées sont une famille fossile qui était beaucoup plus diverse durant le Crétacé. Il existe aujourd'hui plus de 80 espèces de magnolias.

Les feuilles énormes, cireuses et vert foncé, sont persistantes.

Graine (échelle : x 1,3).

Embryon dans son tégument ligneux : à maturité, ce tégument est couvert d'une membrane charnue, rouge vif et odorante.

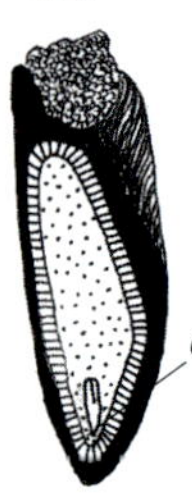

REPRODUCTION

Le magnolia fait des fleurs complètes, pollinisées par les insectes. Le fruit, une sorte de cône, est mûr en octobre de la même année. Les graines en sortent alors et tombent, ou sont dispersées par les oiseaux qui s'en nourrissent parfois. L'espèce peut être reproduite par bouturage ou marcottage.

GERMINATION ET CROISSANCE

La germination, épigée, se fait au printemps 1 an après la floraison. Les semences, charnues, supportent l'assèchement mais sont profondément dormantes à maturité. La croissance est lente (6 m en 20 ans).

Le fruit est un cône de capsules à une graine.

RÉCOLTE ET ENTREPOSAGE

Récoltez les cônes sur l'arbre, lorsque la dispersion commence, ou les graines au sol. Les cônes mûrs s'ouvrent après quelques jours de séchage. Extrayez la semence par tapotage ou, au besoin, avec un couteau. Vous pouvez enlever la pulpe facilement sous l'eau, au couteau ou après frottement sur un grillage, car le tégument interne est ligneux et résistant. La chair étant peu épaisse, vous pouvez aussi la conserver. Entreposez sec, en vrac et scellé, au frais.

PRÉGERMINATION

Stratifiez les semences dans le sable pour 3 à 6 mois, au frais. Il est possible qu'une stratification préliminaire au chaud soit bénéfique, car l'embryon est minuscule, mais elle ne semble pas vitale. Testez la germination en 1 à 2 mois dans le sable, à températures alternées (16 h à 20 °C et 8 h à 30 °C).

SEMIS ET ENTRETIEN

Préférez un sol sablo-limoneux. Semez sans prétraitement après la récolte, ou en mai après stratification. Couvrez de 5 mm et gardez le sol humide. Paillez jusqu'à la levée des tigelles, pour conserver l'humidité comme pour protéger des gelées tardives. Ombrez légèrement le premier été.

La floraison d'un magnolia peut être tout à fait somptueuse.

Hauteur	25 à 30 m
Durée de vie	non déterminé
Âge reproductif	10 ans
Date de floraison	juillet à septembre
Date de récolte	octobre
Poids 1000 graines	59 g
Type de dormance	physiologique embryonnaire possible
T.E. graines mures	non déterminé
T.E. entreposage	non déterminé
Temp. entreposage	3 à 5 °C
Viabilité	3 ans et +
Taux de germin.	60 à 70 %
Âge de plantation	1+0

FAMILLE DES ROSACÉES

POMMIER SAUVAGE

Malus sylvestris (L.) Mill.

Type de fruit

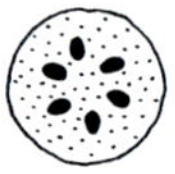

La culture du pommier est très ancienne. La plupart du temps, le pommier n'est qu'un petit arbre à la floraison très décorative. On le retrouve en sous-bois et dans les clairières de la plupart des forêts parce que l'homme en a favorisé la dispersion. Ses feuilles sont ovales, à marge crénelée, brièvement pointues, coriaces et pubescentes. Les branches portent des rameaux courts qui forment des pseudo-épines. Le pommier sauvage est une essence de lumière qui pousse isolé ou disséminé dans les plaines et les collines, à moins de 1200 m d'altitude. Il est adapté aux climats continentaux et préfère les sols calcaires meubles ou même argileux, frais mais pas trop humides. L'enracinement, oblique ou superficiel, est peu important. Poirier, pommier et cognassier sont des genres semblables aux nombreuses variétés.

De par leur croissance lente, les pommiers sont souvent arbustifs.

Pommier d'une trentaine d'années.

REPRODUCTION

Le pommier fait des fleurs complètes pollinisées par les insectes. Les oiseaux et les mammifères se nourrissent des fruits et disséminent les graines, qui, sinon, restent là où la pomme tombe en septembre-octobre. Coupé, le pommier fait des cépées. C'est aussi un excellent porte-greffe dès qu'il atteint 30 cm de haut.

Embryon dans son tégument (échelle : x 5).

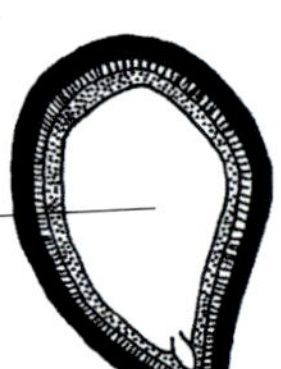

GERMINATION ET CROISSANCE

La germination, épigée, a lieu 1 an après la floraison. Les graines sont modérément dormantes à maturité et la croissance est lente.

Il existe de très nombreuses variétés de pommes.

RÉCOLTE ET ENTREPOSAGE

Récoltez les pommes sur l'arbre ou au sol. Laissez-les fermenter, écrasez-les puis faites-les macérer pour éliminer la pulpe par flottaison. Évitez néanmoins une fermentation excessive qui endommagerait les semences. Ne faites sécher qu'en surface pour un semis d'automne, plus longtemps pour la conservation. Entreposez sec et frais, en vrac et scellé.

Pour conserver les caractéristiques horticoles, les pommiers sont reproduits par bouturage.

PRÉGERMINATION

Stratifiez 1 ou 2 mois dans le sable ou la tourbe. Testez la germination dans le sable ou sur papier buvard sans lumière, à températures alternées (16 h à 20 °C et 8 h à 30 °C), durant 1 à 2 mois.

SEMIS ET ENTRETIEN

Semez en vert rapidement après la récolte, ou faites un semis de graines stratifiées en avril, dans un sol léger et friable. Couvrez de 1 ou 2 cm et gardez humide. Si le sol est lourd ou qu'il y a risque de gelées, paillez.

Les fleurs de pommier sont blanches à l'intérieur et roses à l'extérieur.

Il existe de très nombreuses variétés dérivées du pommier sauvage.

Hauteur	6 à 12 m	T.E. graine mûre	20 à 40 %
Durée de vie	250 ans	T.E. d'entreposage	8 à 10 %
Âge reproductif	4 à 12 ans	Temp. entreposage	+3 à -3 °C
Date de floraison	avril-mai	Viabilité	3 ans
Date de récolte	septembre-octobre	Taux de germin.	50 à 70 %
Poids 1000 graines	10 g	Âge de plantation	1+0
Type de dormance	physiologique		

FAMILLE DES MORACÉES

MÛRIER NOIR

Morus nigra L.

Le mûrier fait des inflorescences qui prennent, à maturité, l'apparence d'une mûre de ronce allongée. Ses rameaux produisent un latex blanc lorsqu'ils sont coupés, et ses feuilles à marge crénelée sont de deux types : en forme de cœur et parfois lobées. Introduit de Perse durant l'Antiquité pour la culture du ver à soie, le mûrier préfère les climats chauds et les sols sableux à rocailleux bien à rapidement drainés. Il est probable qu'il est tolérant à l'ombre et que son enracinement est oblique. La famille regroupe 1500 à 2000 espèces, surtout intertropicales, incluant l'oranger des osages (genre *Maclura*), le caoutchouc et le figuier (genre *Ficus*), dont le fruit est une inflorescence encaissée dans un involucre qui en devient la peau.

Mûrier de 50 à 70 ans.

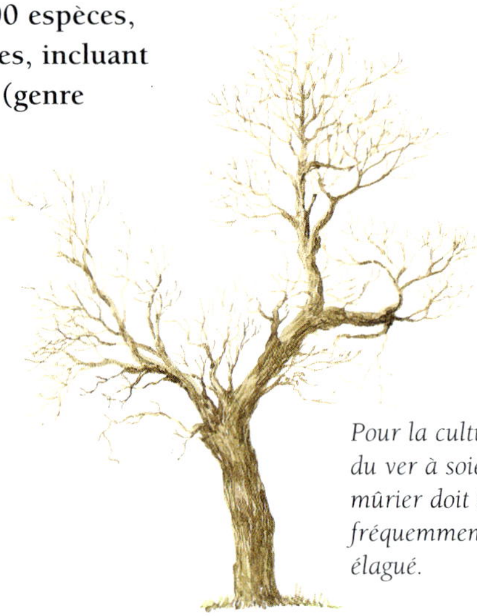

Pour la culture du ver à soie, le mûrier doit être fréquemment élagué.

REPRODUCTION

Le mûrier noir fait des fleurs d'un même sexe sur un arbre donné, mais quelques branches sont parfois monoïques. La pollinisation est effectuée par le vent et les fruits, mûrs en juillet-août l'année de la floraison, sont un délice pour les oiseaux frugivores. L'espèce répond bien à la taille.

Fruit individuel sans son péricarpe charnu (échelle : x 20).

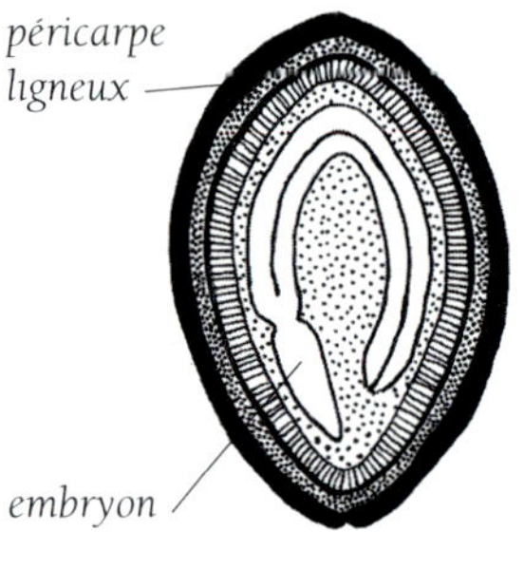

GERMINATION ET CROISSANCE

Dans la mûre, chaque graine est en fait un fruit séparé dont l'enveloppe ligneuse est un péricarpe. La dormance est profonde à modérée et la germination, épigée, se fait 1 an après la floraison. La croissance est lente (3 m en 20 ans).

RÉCOLTE ET ENTREPOSAGE

Récoltez les mûres à maturité, avant les oiseaux. Cueillez-les, secouez l'arbre ou battez le houppier à la gaule. Laissez les fruits en tas 1 à 4 jours pour qu'ils fermentent légèrement, puis écrasez-les ou passez-les au mixer à petite vitesse et éliminez la pulpe par flottaison. Si les fruits sont encore un peu verts, faites les macérer 1 ou 2 jours dans une solution à 1 % de soude caustique. Étalez les graines à sécher à l'ombre et entreposez-les en vrac et scellé, au frais ou au froid.

PRÉGERMINATION

Immergez les graines 4 jours pour semer l'automne. Pour le printemps, stratifiez 1 à 3 mois dans le sable, ou nu. Lorsque les fruits sont bien mûrs, les semences germent spontanément après quelques jours de fermentation. Testez la germination dans le sable ou sur papier buvard avec lumière, à temératures alternées (16 h à 20 °C et 8 h à 30 °C) pendant 2 à 6 semaines.

Les fruits du mûrier sont comestibles et délicieux.

SEMIS ET ENTRETIEN

Semez au printemps avec le sable de stratification, dans un terreau sableux gardé humide. Couvrez de 3 mm et paillez au besoin, pour conserver l'humidité comme pour protéger des gelées tardives. Ombrez les semis durant le premier mois. Pour transplanter, déterrez les semis jusqu'à 30 cm de profondeur, en utilisant une pelle affûtée car les racines sont résistantes.

Hauteur	10 à 15 m (20 max.)	T.E. graines mûres	non déterminé
Durée de vie	500 ans et +	T.E. entreposage	7 à 10 %
Âge reproductif	5 à 10 ans	Temp. entreposage	-20 °C
Date de floraison	avril-mai	Viabilité	3 ans et +
Date de récolte	juillet-août	Taux de germin.	10 à 50 %
Poids 1000 graines	1,5 g	Âge de plantation	1+0
Type de dormance	physiologique/tégumentaire		

FAMILLE DES PINACÉES

ÉPICEA COMMUN

Picea abies (L.) Karsten

On le reconnaît à ses aiguilles quadrangulaires montées sur un ergot, qui persistent 5 à 7 ans, mais tombent après quelques jours de séchage lorsqu'on coupe une ramille. L'épicéa fait des bourgeons internodaux, ce qui donne à son patron de branchaison une apparence fournie. Essence de climax et de demi-ombre adaptée au climat boréal et très résistante au froid, il forme des peuplements entre 800 et 2000 m d'altitude. Tolérant quant à la nature du sol qu'il accepte siliceux comme calcaire, l'épicéa préfère cependant les terreaux sableux ou limoneux modérément ou bien drainés. Son système radiculaire est très superficiel. Le genre compte une cinquantaine d'espèces, généralement sans dormance.

Type de fruit

Épicéa d'une quarantaine d'années.

La graine est posée dans l'aileron comme dans une cuillère.

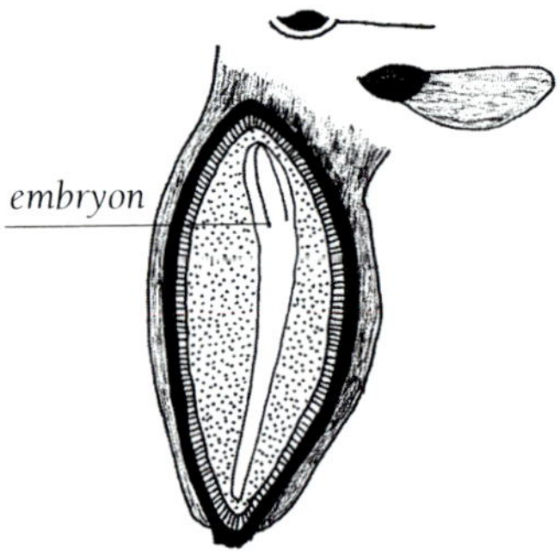

Embryon dans son tégument ailé (échelle : x 8).

REPRODUCTION

L'épicéa fait des chatons mâles dans les parties inférieures du houppier, et des cônelets femelles dans la partie supérieure. Le pollen et les graines ailées sont disséminés par le vent, les cônes libérant leur semence d'octobre à mars.

GERMINATION ET CROISSANCE

La germination, épigée, a lieu au printemps suivant la floraison. Les graines, sans dormance à maturité, supportent bien l'assèchement. La croissance est assez rapide mais ralentit en altitude.

Fleur femelle.

RÉCOLTE ET ENTREPOSAGE

Récoltez les cônes sur l'arbre lorsqu'ils commencent à s'ouvrir. Préférez un arbre de faible hauteur ou une cache d'écureuil, ou cueillez les cônes sur des branches coupées. Étalez les cônes 1 ou 2 semaines pour qu'ils s'ouvrent. Pour extraire les graines, tapotez les cônes sur une surface dure ou utilisez un sac-tambour. Retirez les ailes des graines en les roulant entre les paumes des mains (au besoin, mouillez puis faites sécher auparavant). Ne faites pas sécher les graines à plus de 50 °C. Entreposez en vrac et scellé, sec et frais.

PRÉGERMINATION

Immergez les graines 2 jours avant de semer. Entreposées en stratification, les graines conservent toute leur vitalité pendant 1 an. Testez la germination sur papier buvard sans lumière, à températures alternées (16 h à 20 °C et 8 h à 30 °C), durant 15 jours.

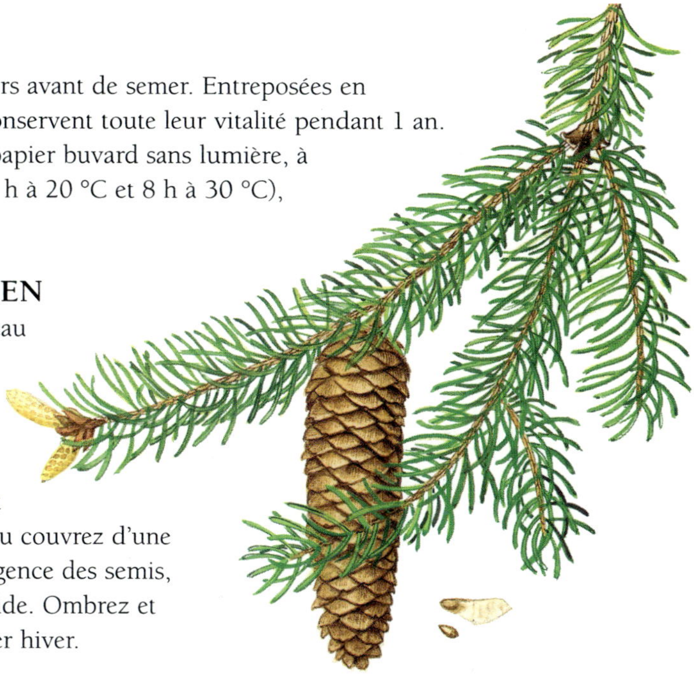

SEMIS ET ENTRETIEN

Semez en avril sur un terreau sableux ou limoneux fertile. Roulez le lit de germination puis semez à la volée. Couvrez de 3 à 5 mm de sol ou de sable et tasser légèrement. Paillez ou couvrez d'une toile de jute jusqu'à l'émergence des semis, pour garder le milieu humide. Ombrez et protégez du froid le premier hiver.

Hauteur	40 à 70 m
Durée de vie	500 à 700 ans
Âge reproductif	25 à 50 ans
Date de floraison	mai-juin
Date de récolte	septembre-octobre
Poids 1000 graines	7 g
Type de dormance	sans
T.E. graine mûre	15 à 20 %
T.E. d'entreposage	4 à 8 %
Temp. entreposage	3 à 5 °C
Viabilité	5 à 17 ans
Taux de germin.	80 %
Âge de plantation	2+0 à 3+1

FAMILLE DES PINACÉES

PIN MARITIME

Pinus pinaster Soland.

Le pin maritime est la première essence commerciale de France (12 % de la forêt française). Ses aiguilles, longues et arrangées par 2, persistent 4 ans. Essence de lumière et de climats chauds et humides, il supporte mal le calcaire, et s'épanouit sur les sols siliceux pauvres et bien à rapidement drainés. Son système radiculaire se compose d'un pivot principal accompagné de racines secondaires traçantes.

Type de fruit

Pin maritime d'une cinquantaine d'années.

REPRODUCTION

Le pin maritime fait des chatons mâles à la base des pousses de l'année et des cônelets femelles terminaux. Le pollen et les graines ailées sont disséminés par le vent, mais la fertilisation et la maturation des cônelets étant très lentes, la dispersion des graines ne commence qu'en novembre, 30 mois après la floraison. Le pin maritime répond à bien à la greffe et au marcottage, mais seulement jusqu'à l'âge de 5 ans.

L'aileron se détache facilement de la graine.

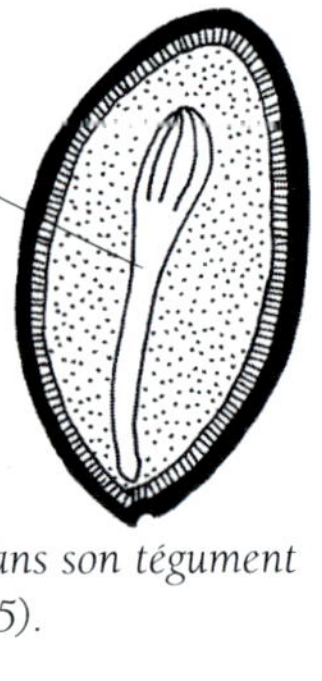

Embryon dans son tégument (échelle : x 5).

GERMINATION ET CROISSANCE

La germination épigée se fait au printemps, 3 ou 4 ans après la floraison. Les semences supportent l'assèchement. Sans dormance, elles en développent une légère lorsqu'elles sont entreposées. La croissance est assez rapide (10 m en 20 ans).

RÉCOLTE ET ENTREPOSAGE

Les cônes persistent plusieurs années mais libèrent le gros de leur semence à maturité. Récoltez les cônes sur un arbre jeune aux branches accessibles, un arbre abattu ou une cache d'écureuil. Ils s'ouvriront après 4 à 10 jours de séchage. Extrayez-en la semence en les tapotant sur une surface dure ou au moyen d'un sac-tambour. Le désailage est facile. Entreposez les graines sèches, en vrac et au frais pour quelques mois, ou très sèches et au froid pour plusieurs années.

Les cônes du pin maritime persistent plusieurs années sur l'arbre, s'ouvrant de façon intermittente.

PRÉGERMINATION

Immergez les graines fraîches 24 h avant de semer. Si vous les avez entreposées au froid, dégelez-les progressivement puis stratifiez-les dans le sable ou la tourbe pour 1 ou 2 mois. Testez la germination sur papier buvard à température constante de 20 °C, durant 1 mois avec 8 h de lumière par jour.

SEMIS ET ENTRETIEN

Faites un semis de graines stratifiées en avril ou sans traitement en novembre-décembre. Roulez le lit de germination, qui doit être sableux, fertile et bien drainé. Semez à la volée puis couvrez de 5 mm de sol ou de sable et tassez légèrement. Arrosez modérément, car il y a risque de fonte des semis. Les graines humides meurent lorsque les températures descendent à moins de -15 °C.

Hauteur	25 à 40 m	T.E. graine mûre	15 à 20 %
Durée de vie	siècles	T.E. d'entreposage	5 à 10 %
Âge reproductif	10 à 20 ans	Temp. entreposage	-15 à -20 °C
Date de floraison	avril-mai	Viabilité	11 ans et +
Date de récolte	octobre-novembre	Taux de germin.	80 %
Poids 1000 graines	50 g	Âge de plantation	1+0 ou 2+0
Type de dormance	sans ou physiologique secondaire		

FAMILLE DES PLATANACÉES

PLATANE

Platanus x acerifolia Willd.

Type de fruit

Le platane est l'arbre des rues et du bord des routes. Il y en a plus de 40 000 à Paris. On le reconnaît à son écorce en puzzle et ses feuilles palmées à dentition lâche, qui rappellent un peu celles d'un érable. Essence de plaine et de lumière, il préfère les climats doux et les terreaux riches et humides, quoiqu'il dispose d'une grande tolérance écologique. Il tolère aussi très bien l'atmosphère urbaine. Il existe 6 ou 7 espèces de platanes.

En France, le platane est l'arbre urbain par excellence.

Platane d'une quarantaine d'années.

graine (échelle : x 0,75)

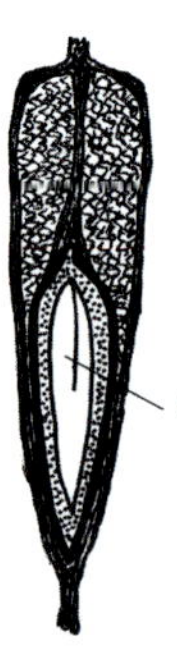

Embryon dans son péricarpe.

REPRODUCTION

Les inflorescences du platane sont globuleuses et imparfaites. Elles sont mélangées dans le houppier. La pollinisation est assurée par le vent, comme la dispersion des graines en hiver. Le platane rejette des souches et répond bien à la taille, au marcottage et au bouturage.

GERMINATION ET CROISSANCE

Lors de la récolte, les graines sont modérément dormantes et tolèrent l'assèchement. Dans la nature, elles germent au premier printemps suivant la floraison, de façon épigée. La croissance est assez rapide.

RÉCOLTE ET ENTREPOSAGE

Pour un semis au premier printemps, récoltez les têtes en vert sur l'arbre en octobre et semez ou stratifiez immédiatement. Si vous voulez conserver les graines quelques mois ou plus, récoltez en décembre quand les fruits sont bruns. Broyez les têtes et faites-les sécher, puis séparez les graines des débris par ventilation. Entreprenez cette activité poussiéreuse à l'extérieur.
Pour une conservation à court terme, entreposez en vrac, dans des sacs permettant aux graines de respirer, au frais.
Pour une conservation à plus long terme, entreposez sec et scellé, au froid.

Lorsqu'ils sont bien secs, les fruits écrasés produisent une abondante poussière, proche du poil à gratter.

PRÉGERMINATION

Stratifiez 1 mois ou 2 dans le sable. Testez la germination durant 1 mois, dans le sable à températures alternées (16 h à 20 °C et 8 h à 30 °C), avec lumière durant la phase chaude. Vous pouvez aussi faire les tests en immersion partielle dans une assiette.

L'écorce du platane est caractéristique. Lorsque la croissance est rapide, elle forme un puzzle aux couleurs contrastées.

SEMIS ET ENTRETIEN

Semez le mélange sable-graines dans un terrreau riche et bien aéré. Couvrez de 0,5 cm de sol, puis tassez légèrement. Gardez bien humide et ombrez les premiers mois. Si le sol est neutre ou alcalin, les risques de fonte des semis seront plus élevés. Vous pouvez repiquer les semis pour les espacer après la première saison de croissance, et élaguer les racines, pour développer le système radiculaire.

Hauteur	30 à 45 m	Type de dormance	physiologique
Durée de vie	1000 ans	T.E. graines mures	15 à 40 %
Âge reproductif	5 à 40 ans	T.E. entreposage	10 à 15 %
Date de floraison	avril-mai	Temp. entreposage	-5 °C
Date de récolte	novembre-décembre	Viabilité	3 ans et +
		Taux de germin.	10 à 25 %
Poids 1000 graines	3,5 g	Âge de plantation	1+1 ou 2+0

FAMILLE DES SALICACÉES

PEUPLIER TREMBLE

Populus tremula L.

Type de fruit

Le peuplier tremble est une essence pionnière de lumière, qu'on retrouve à moins de 2000 m d'altitude. Les feuilles, à marge grossièrement dentée, sont équipées d'un pétiole aplati qui les fait trembler dans le vent. Le peuplier est adapté au climat continental. Il est peu exigeant quant au sol mais le préfère siliceux ou silico-argileux, et humide mais bien drainé. Son enracinement est très superficiel. Il existe une cinquantaine d'espèces de peupliers.

Tremble d'une vingtaine d'années.

Chaton mâle (échelle : x 0,6)

REPRODUCTION

Le peuplier tremble fait des chatons soit mâles soit femelles sur un arbre donné. Le pollen et les graines sont disséminés par le vent. La dispersion des graines se fait en mai-juin, 2 mois après la floraison. Un peuplier d'une centaine d'années peut produire plus de 54 millions de graines par an. L'espèce drageonne abondamment, si bien qu'un arbre unique peut former des clones étendus.

Embryon dans son tégument (échelle : x 30).

GERMINATION ET CROISSANCE

La germination, épigée, suit la dispersion en moins de 10 jours ou les graines meurent. Les graines peuvent supporter l'assèchement mais on les traite comme si elles étaient récalcitrantes, car leur gestion est difficile. Elles sont sans dormance et la croissance des tiges est rapide.

RÉCOLTE ET ENTREPOSAGE

Récoltez les chatons à maturité seulement, sur l'arbre, dès que les capsules commencent à s'ouvrir. Vous pouvez aussi couper les branches fruitières pour les laisser mûrir dans un vase. De longs poils sont attachés aux graines et forment un coton caractéristique. Semez immédiatement avec le coton ou extrayez-en les graines à la main, à la brosse ou en le soufflant sur un grillage avec un sèche-cheveux. À 20 °C, ne laissez pas les graines sécher plus de 2 ou 3 jours. Entreposez sec et scellé, en vrac, au frais. Vous pouvez conserver les graines non séchées 2 ou 3 mois sous vide.

Le pétiole des feuilles est aplati, ce qui les fait trembler dans le vent.

PRÉGERMINATION

Si les graines sont fraîches, immergez-les 2 ou 3 heures. Si elles ont été séchées, exposez-les à l'air humide car une immersion serait trop brutale. Testez la germination dans du sable neutre (pH 7) avec de l'eau distillée et en présence de lumière durant la période chaude, en 2 semaines à températures alternées (14 h à 20 °C et 10 h à 30 °C).

Le peuplier est une espèce qui pousse très vite. Composé de fibres courtes, son bois, mou et un peu nauséabond, pourrit facilement. Il est utilisé pour la fabrication des allumettes et des serviettes en papier.

SEMIS ET ENTRETIEN

Semez rapidement après la récolte. Râtissez bien le sol pour qu'il soit aéré, semez à la volée ou éparpillez le coton puis arrosez. L'arrosage doit être très fin, presque une brume, et le sol doit être saturé d'eau. Ne couvrez pas le semis mais protégez-le de la pluie et du vent, au moyen d'une vitre ou d'un plastique, ou en le faisant dans une serre. Du fait de l'humidité abondante, les risques de fonte des semis sont élevés.

Hauteur	20 à 30 m	T.E. graine mûre	non déterminé
Durée de vie	80 à 150 ans	T.E. d'entreposage	5 à 8 %
Âge reproductif	8 à 10 ans	Temp. entreposage	+1 ou +2 °C
Date de floraison	mars-avril	Viabilité	3 ans
Date de récolte	mai-juin	Taux de germin.	80 %
Poids 1000 graines	0,1 g	Âge de plantation	1+0 ou 2+0
Type de dormance	sans		

FAMILLE DES ROSACÉES

MERISIER

Prunus avium L.

Type de fruit

Les feuilles du merisier (cerisier sauvage) sont ovales, pointues et pliées en V au milieu. Leur pétiole porte deux glandes à la base et l'écorce gris argenté s'enlève en lanières horizontales. L'espèce est très intolérante à l'ombre et supporte bien le froid. On la retrouve isolée ou disséminée en plaine et dans les collines. Elle s'épanouit sur les sols fertiles, calcaires et profonds mais reste peu exigeante si le sol est bien drainé. L'enracinement est latéral et le bois est très valorisé en ébénisterie fine. Un merisier en fleur est très décoratif.

Merisier d'une trentaine d'années.

REPRODUCTION

Les fleurs complètes sont pollinisées par les insectes et les graines sont dispersées par les animaux qui les mangent en juillet-août, 3 mois près la floraison. Le merisier fait un excellent porte-greffe. Il fait des cépées lorsqu'il est coupé et drageonne parfois.

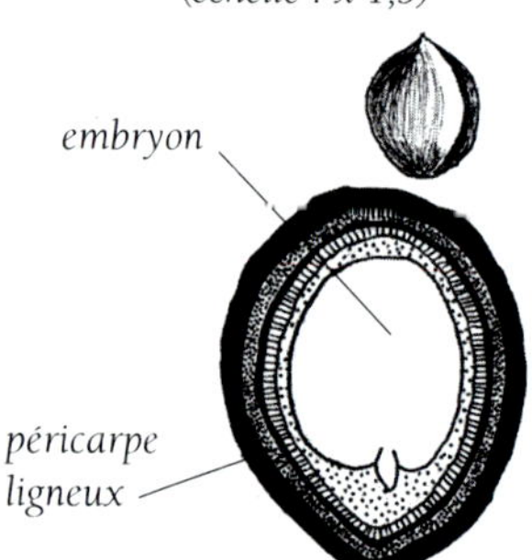

Fruit sans son péricarpe charnu.

GERMINATION ET CROISSANCE

La germination, épigée, a lieu 1 à 3 ans après la floraison. Les semences supportent bien l'assèchement mais sont profondément dormantes à maturité. La croissance peut être très rapide (15 m en 20 ans).

RÉCOLTE ET ENTREPOSAGE

Récoltez les merises sur l'arbre avant les étourneaux. Transportez-les dans de l'eau pour éviter qu'ils ne s'échauffent et fermentent. Extrayez les graines en pressant les fruits, puis frottez-les dans un sac de sable. Pour les conserver quelques semaines, faites-les sécher quelques heures à 20 °C, puis entreposez-les en vrac dans des sacs aérés, au frais. Pour les conserver quelques années, faites-les sécher 10 jours à 20 °C puis entreposez au froid, en vrac et scellé. L'emploi d'un fongicide est recommandé.

La dormance des merises est profonde et ne peut être levée que par l'alternance des saisons.

PRÉGERMINATION

Réhumidifiez progressivement les graines séchées, sur 1 à 3 semaines en stratification nue, puis stratifiez-les dans le sable 2 semaines à 25 °C, 2 semaines à 3 °C, puis 2 semaines à 25 °C, et enfin 3 à 4 mois à 3 °C. Deux ou trois phases chaudes sont nécessaires. Attention : le réchauffement brutal induit une dormance secondaire. Si les graines germent trop tôt pour le climat extérieur, congelez-les jusqu'à 8 semaines avec leur médium à -3 °C.
Testez la germination sur 10 semaines sans lumière et dans le sable à températures alternées (16 h à 3°C et 8 h à 20 °C).

L'écorce du merisier s'enlève en lanières horizontales.

SEMIS ET ENTRETIEN

Vous pouvez semer l'été de la récolte pour une germination sur 2 ans ou faire un semis de graines prétraitées en mars, dans un terreau meuble et fertile. Roulez le lit de germination, semez, couvrez de 1 à 1,5 cm de sol puis gardez humide. Paillez pour protéger du froid au printemps, ou de l'assèchement pour un semis d'été.

Hauteur	15 à 30 m	T.E. graine mûre	30 à 50 %
Durée de vie	100 à 250 ans	T.E. d'entreposage	9 à 10 %
Âge reproductif	5 à 15 ans	Temp. entreposage	-3 à -10 °C
Date de floraison	avril-mai	Viabilité	5 ans et +
Date de récolte	juin-juillet	Taux de germin.	70 à 90 %
Poids 1000 graines	150 à 200 g	Âge de plantation	1+0 ou 2+0
Type de dormance	embryonnaire et physiologique		

FAMILLE DES PINACÉES

SAPIN DE DOUGLAS

Pseudotsuga menziesii (Mirbel.) Franco.

Avec 15 000 ha par an, le douglas est la première essence de reboisement française. Il fut introduit d'Amérique de l'Ouest en 1827. Ses aiguilles rappellent celles du sapin, mais sont plus molles, pointues et pétiolées. Les cônes pendants ont des bractées à 3 dents très typiques. Ils peuvent persister sur l'arbre 2 ou 3 ans et les feuilles, 8 à 10 ans. Essence de demi-ombre habituée aux climats tempérés humides, le douglas résiste néanmoins bien au froid et à la sécheresse. Poussant naturellement entre 2000 et 3000 m d'altitude, il préfère les sols siliceux, riches et profonds, humides mais bien drainés, quoiqu'il reste très adaptable. Son système radiculaire est superficiel et étendu. Le genre compte 6 espèces et une douzaine de cultivars.

REPRODUCTION

Le douglas fait des chatons mâles et des cônelets femelles sur le même arbre. Le pollen et les graines ailées sont disséminés par le vent et les cônes sont mûrs en septembre-octobre, l'année de la floraison. Il répond au marcottage et au bouturage jusqu'à l'âge de 10 ans.

Type de fruit

Douglas d'une vingtaine d'années.

graine (échelle : x 0,6)

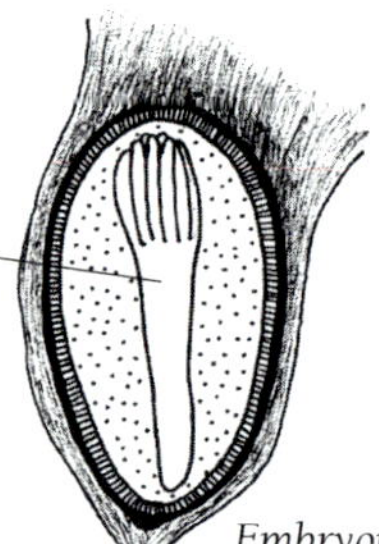

Embryon dans son tégument ailé.

GERMINATION ET CROISSANCE

La germination est épigée, 1 an après la floraison. Les semences supportent bien l'assèchement et sont modérément dormantes à maturité. La croissance des tiges très rapide (18 m en 20 ans).

RÉCOLTE ET ENTREPOSAGE

Les graines sont mûres quand les bractées sont brunes. Récoltez les cônes sur un arbre jeune ou abattu, ou cherchez une cache d'écureuil. Les cônes s'ouvrent après séchage en 1 à 3 semaines. Extrayez les graines en les tapotant sur une surface dure ou avec un sac-tambour. Désailez-les en les roulant entre les paumes des mains, au besoin après les avoir humidifiées. Conservez les graines en vrac et scellées, sèches et au frais pour 1 ou 2 ans, ou très sèches et au froid, pour plus longtemps.

PRÉGERMINATION

Si les graines ont été congelées, ramenez-les progressivement au-dessus de 0°C. Immergez-les 1 ou 2 jours puis stratifiez-les 3 à 6 semaines sans médium. Testez la germination en 1 mois sans lumière, sur papier buvard ou dans le sable, à températures alternées (16 h à 20 °C et 8 h à 30 °C).

Les graines sont mûres pour la récolte lorsque les bractées ont jauni.

SEMIS ET ENTRETIEN

Semez les graines prégermées en avril-mai ou non traitées en octobre, dans un sol modérément acide et bien drainé mais fertile et gardé humide, car l'assèchement renverse l'effet de la stratification. Roulez le lit de germination, semez puis couvrez de 3 à 6 mm et tassez légèrement. Paillez le semis d'automne avec des aiguilles de résineux et gardez le sol humide au printemps.

Hauteur	30 à 40 m (90 m max)	T.E. graine mûre	15 à 20 %
Durée de vie	700 à 1300 ans	T.E. d'entreposage	6 à 9 %
Âge reproductif	7 à 25 ans	Temp. entreposage	-20 °C
Date de floraison	mars-avril	Viabilité	10 à 20 ans
Date de récolte	septembre-octobre	Taux de germin.	80 %
Poids 1000 graines	11 g	Âge de plantation	2+2, 1+0 à 3+0
Type de dormance	physiologique		

FAMILLE DES FAGACÉES

CHÊNE PÉDONCULÉ

Quercus robur L.

Type de fruit

Le chêne pédonculé ressemble beaucoup au chêne sessile mais ses fruits sont montés sur un pédoncule et sa silhouette est plus élancée. Son système radiculaire est pivotant. Son bois massif est très valorisé et son écorce interne est utilisée en pharmacie. Essence de lumière et de plaine qu'on rencontre jusqu'à 600 m d'altitude, il préfère les climats doux et humides et les sols calcaires sableux à argilo-sableux profonds et bien drainés. Il forme des peuplements purs ou mélangés.

Chêne presque centenaire.

Le chêne pédonculé se distingue du chêne rouvre par le fait que les glands sont à l'extrémité d'un long pédoncule.

REPRODUCTION

Le chêne fait des chatons mâles à la cicatrice des feuilles de l'année précédente et des fleurs femelles sur les rameau de l'année. Le pollen est disséminé par le vent et les glands par les rongeurs. Les fruits sont mûrs en septembre-octobre.

GERMINATION ET CROISSANCE

Les glands peuvent germer immédiatement à maturité si les températures sont chaudes (parfois même sur l'arbre), mais il semble y avoir une très légère dormance autant physiologique que tégumentaire (due au péricarpe). La germination, hypogée, commence durant l'hiver, à plus de 3 °C. Les semences ne supportent pas l'assèchement et la croissance des tiges est rapide (15 m en 20 ans).

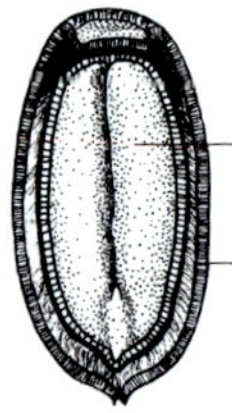

Gland de chêne (échelle : x 1).

RÉCOLTE ET ENTREPOSAGE

Récoltez les glands de deuxième tombée, au sol ou sur l'arbre, puis retirez-en les débris pour ne conserver que les glands parfaits. Les glands sont sensibles aux chocs et à la pourriture noire, aussi une thermothérapie est-elle recommandée. Les glands doivent conserver une teneur en eau élevée : la vitalité d'un lot devient nulle en deçà de 25 %. Ceci rend les glands sensibles à l'échauffement quand ils sont transportés ou entreposés en vrac. Entreposez-les au frais dans la tourbe, dans des récipents non hermétiques car ils respirent intensément. S'ils sont tués à moins de -3 °C, ils se conservent, en revanche, plusieurs années entre -1 et -3 °C.

PRÉGERMINATION

La prégermination n'est pas nécessaire après un entreposage de 15 jours à -1 °C. Vous pouvez les immerger 48 h avant les tests ou le semis, mais après les avoir ramenés à la température ambiante progressivement. Testez la germination en 1 mois dans le sable, à températures alternées (16 h à 5 °C et 8 h à 20 °C) avec lumière pendant la période chaude.

Ce tronc de chêne porte les marques du fil de fer qui l'a entouré et qu'il a peu à peu avalé. Une telle pratique peut être très dangerreuse pour celui qui devra le débiter un jour.

SEMIS ET ENTRETIEN

Semez en mars-avril ou en octobre, dans un terreau sableux. Couvrez les semis de printemps de 2 à 3 cm de sol, ceux d'automne de 5 à 8 cm. Paillez si les graines risquent d'être exposées à des températures inférieures à -3 °C. Surélevez la lit de germation pour faciliter l'arrachage des racines pivotantes.

Hauteur	25 à 40 m
Durée de vie	400 à 1000 ans
Âge reproductif	40 à 60 ans
Date de floraison	mai-juin
Date de récolte	octobre
Poids 1000 graines	2 à 7 kg
Type de dormance	sans
T.E. graine mûre	50 à 60 %
T.E. d'entreposage	45 à 50 %
Temp. entreposage	+3 à -3 °C
Viabilité	1 à 5 ans
Taux de germin.	70 %
Âge de plantation	1+0

FAMILLE DES LÉGUMINEUSES

ROBINIER FAUX-ACACIA

Robinia pseudoaccacia L.

Type de fruit

Appelé à tort acacia dans le langage courant, le robinier est une espèce nord-américaine introduite au XVIIe siècle. Il pousse maintenant en France à l'état sauvage. On le reconnaît à ses feuilles composées aux folioles ovales et mucronnées et à ses branches qui portent des épines. Son bois, toxique, est très dur et n'enfle pas ni ne se contracte. Essence de lumière rustique, il est très envahissant et souvent utilisé pour le contrôle de l'érosion. Les racines portent des nodules qui fixent l'azote et l'enracinement est superficiel, avec des secondaires qui peuvent pivoter jusqu'à 8 m de profondeur. Le robinier préfère les sols calcaires bien à rapidement drainés mais dispose d'une grande tolérance écologique. Il peut adopter une forme broussailleuse ou élancée selon son environnement. Le genre compte une vingtaine d'espèces, surtout arbustives.

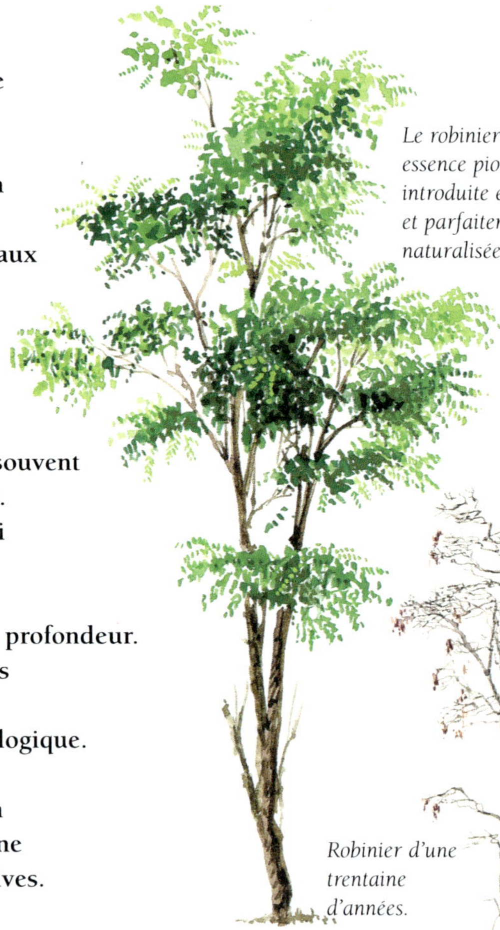

Le robinier est une essence pionnière introduite en France et parfaitement naturalisée.

Robinier d'une trentaine d'années.

Embryon dans son tégument (échelle : x 7).

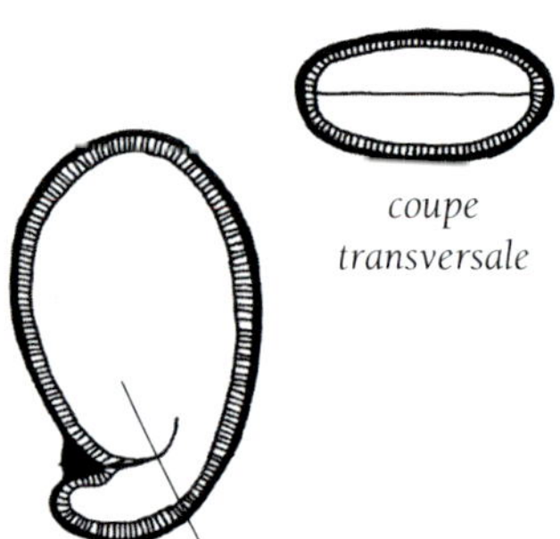

REPRODUCTION

Le robinier fait de inflorescences de fleurs complètes qui sont pollinisées par les insectes. Les graines sont disséminées par l'eau ou par les rongeurs et les oiseaux qui les mangent, ce qui rendrait le tégument perméable. Les fruits sont mûrs en septembre mais peuvent persister plus d'un an sur l'arbre, secs et à moitié ouverts. L'espèce drageonne abondamment.

GERMINATION ET CROISSANCE

La germination, épigée, a lieu au printemps, 1 à 3 ans après la floraison. Les graines supportent très bien l'assèchement et la dormance est modérée. La croissance est rapide avant l'âge de 30 ans.

RÉCOLTE ET ENTREPOSAGE

Récoltez les haricots sur l'arbre, broyez-les puis éliminez-en les débris sur un plan incliné ou avec un sèche-cheveux. Entreposez les graines sèches au frais, en vrac et scellées.

PRÉGERMINATION

Plutôt que de scarifier les graines, jetez-les dans l'eau bouillante puis laissez refroidir une journée avant de semer. Testez la germination sur papier buvard ou bloc de plâtre, à températures alternées (16 h à 20 °C et 8 h à 30 °C), en 2 à 4 semaines sans lumière.

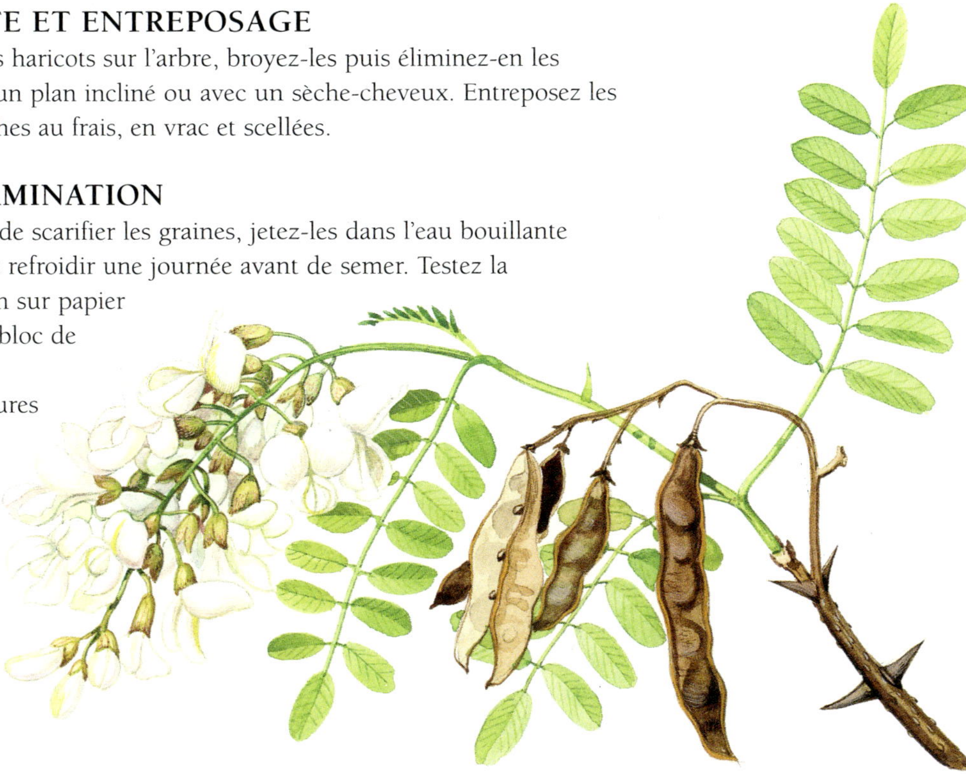

Le robinier se reconnaît facilement à ses feuilles composées, à ses épines et à ses haricots persistants.

Les fleurs du robinier donnent un miel parfumé qu'on appelle à tort miel d'acacia.

SEMIS ET ENTRETIEN

Semez entre mars et juin, dans un sol fertile et léger. Roulez, semez, couvrez de 0,5 cm puis tassez légèrement. Arrosez ou irriguez modérément. Les semis ont une grosse racine : surélevez le lit de germination.

Hauteur	15 à 30 m	T.E. graine mûre	10 à 20 %
Durée de vie	400 ans	T.E. d'entreposage	5 à 10 %
Âge reproductif	6 à 10 ans	Temp. entreposage	-1 à +5 °C
Date de floraison	mai-juin	Viabilité	10 ans et +
Date de récolte	septembre-décembre	Taux de germin.	10 à 90 %
		Âge de plantation	1+0
Poids 1000 graines	19 g		
Type de dormance	tégumentaire		

FAMILLE DES SALICACÉES

SAULE BLANC

Salix alba L.

Type de fruit

Le saule blanc se reconnaît à ses feuilles en fer de lance et finement dentées. Son bois léger et élastique brûle vite en donnant une forte chaleur et l'écorce contient de la salicine, un précurseur de l'aspirine commerciale. L'enracinement est superficiel et l'espèce est intolérante à l'ombre. Elle est parfaitement rustique en France et se rencontre dans les plaines et les vallées, jusqu'à 800 m d'altitude, sur les sols alluviaux modérément bien à mal drainés. Elle forme facilement des clones. Le genre compte 300 espèces et 30 indigènes en France, dont *S. alba* et *S. fragilis* sont les seuls atteignant la taille d'un arbre.

Saule centenaire.

Le saule est souvent taillé en têtard. C'est un habitué des milieux riverains.

REPRODUCTION

Le saule fait des chatons soit mâles soit femelles sur un arbre donné. La dissémination du pollen et des graines est assurée par le vent. La fertilisation est très rapide et les fruits sont mûrs en juin, 2 à 3 mois après la floraison. Le saule blanc est un grand drageonneur qui fait des cépées lorsqu'il est coupé. Il est facile à cloner : coupez une ramille en hiver et plantez-la dans un terreau bien humide. Le saule blanc est souvent taillé en têtard.

graine (échelle : x 2)

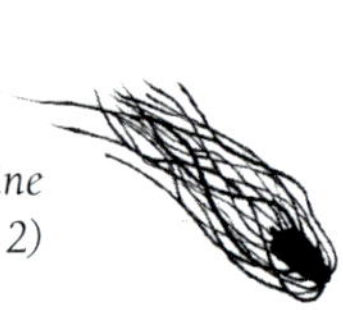

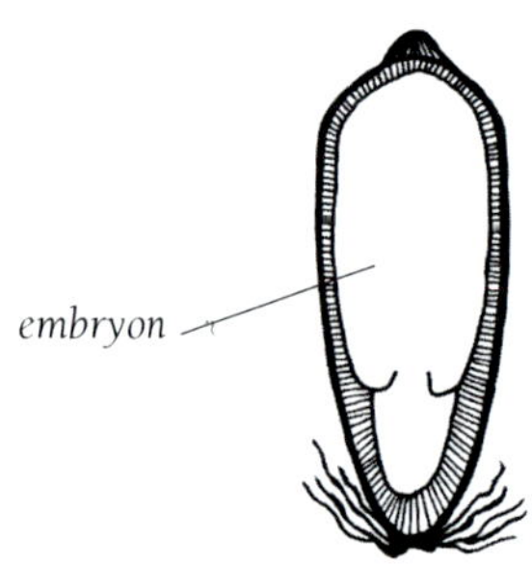

Embryon dans son tégument cotonneux.

GERMINATION ET CROISSANCE

La germination, épigée, a lieu rapidement après la dispersion des graines car celles-ci, sans dormance, ne restent viables que quelques jours. Elles ne tolèrent pas l'assèchement et la croissance des tiges est assez rapide.

RÉCOLTE ET ENTREPOSAGE

Récoltez les capsules sur l'arbre lorsqu'elles sont sur le point de s'ouvrir. Vous pouvez aussi couper des ramilles fructifères pour les faire mûrir dans un vase. Semez immédiatement avec le coton ou séparez les graines du coton à la main, avec une brosse ou en soufflant le tout sur un grillage avec un sèche-cheveux. À température ambiante, les graines se conservent moins de 10 jours. Vous pouvez les conserver jusqu'à 1 mois en stratification, mais difficilement plus.

Chatons mâles.

Chatons femelles.

PRÉGERMINATION

Aucun traitement prégerminatoire n'est nécessaire. Testez la germination à la lumière durant la période chaude, à températures alternées (14 à 16 h à 20 °C et 10 à 8 h à 30 °C), durant 1 semaine, dans le sable ou sur papier buvard.

SEMIS ET ENTRETIEN

Semez en juin, dans un sol limoneux ou argileux. Râtissez pour l'aérer, semez les graines avec ou sans coton, puis arrosez sans couvrir. Arrosez par brumisation ou irriguez le sol, qui doit rester très humide. Ombrez légèrement. Protégez de la pluie et du vent, avec une vitre ou du plastique transparent, ou encore en faisant germer dans une serre. Le milieu germinal très humide et peu aéré peut cependant favoriser la fonte des semis.

Il existe peu de saules arborescents. Le saule pleureur est probablement le plus connu.

Hauteur	15 à 25 m	T.E. graine mûre	non déterminé
Durée de vie	80 à 120 ans	T.E. d'entreposage	non déterminé
Âge reproductif	2 à 10 ans		
Date de floraison	avril-mai	Temp. entreposage	+3 à +7 °C
Date de récolte	juin	Viabilité	1 mois
Poids 1000 graines	0,05 à 0,15 g	Taux de germin.	70 à 90 %
Type de dormance	sans	Âge de plantation	1+0 ou 2+0

FAMILLE DES TAXODIACÉES

SÉQUOIA GÉANT

Sequoiadendron giganteum Buch.

Type de fruit

Témoin environnemental comparable aux glaces polaires, le séquoia géant peut vivre plus de 3500 ans et fournir jusqu'à 2000 tonnes de bois, très cassant. L'écorce résiste au feu et les écailles deviennent des aiguilles plates lorsque la croissance est rapide. L'espèce est intolérante à l'ombre et s'épanouit sur des sols variés, s'ils sont profonds et frais. Le système radiculaire est étendu et latéral, probablement avec un bref pivot. Dans sa Californie d'origine, l'espèce pousse entre 1200 et 2400 m d'altitude, sur les versants ouest. Elle préfère un climat montagnard humide et chaud l'été, mais elle est rustique en France où l'on trouve de nombreux spécimens.

On rencontre fréquemment des séquoias tronqués par une tempête. Le bois cassant et la croissance en situation isolée le rendent vulnérable.

REPRODUCTION

Le séquoia géant fait des chatons mâles et des cônelets femelles sur le même arbre. Le pollen et les graines sont disséminés par le vent. La fertilisation a lieu 4 mois après la floraison et les cônes s'ouvrent en août-septembre, 1 an et demi plus tard, puis se referment. Ils persistent jusqu'à 20 ans sur l'arbre, s'ouvrant de façon intermittente.

graine (échelle : x 2)

l'aileron n'est qu'un repli du tégument

embryon

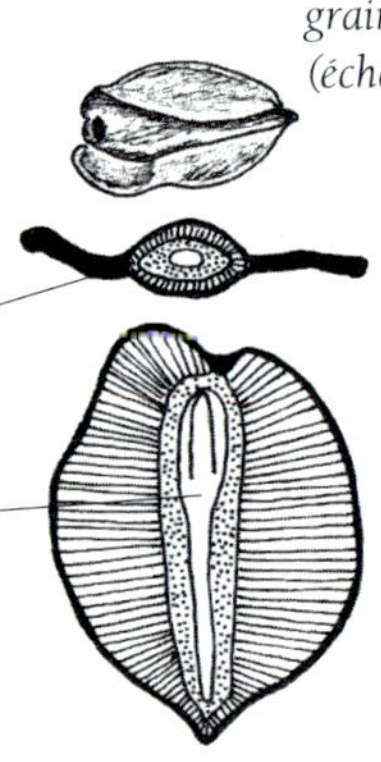

Embryon dans son tégument.

GERMINATION ET CROISSANCE

La germination, épigée, a lieu à partir de 2 ans après la floraison. Les graines supportent l'assèchement. Fraîches, elles sont sans dormance mais en développent une avec le temps.

RÉCOLTE ET ENTREPOSAGE

Récoltez de préférence des cônes d'un an et demi sur l'arbre, car le taux de germination sera plus élevé avec des graines fraîches. Ils s'ouvriront naturellement après un séchage de 7 jours à 30 °C. Extrayez-en les graines en tapotant les cônes sur une surface dure ou en sortant les semences de leur alvéole avec une aiguille. Entreposez sec et frais, en vrac et scellé.

PRÉGERMINATION

Stratifiez 1 ou 2 mois dans le sable. Testez la germination en 3 semaines sur papier buvard à température constante (25 °C), ou à températures alternées (16 h à 20 °C et 8 h à 30° C), avec 8 h de lumière durant la phase chaude.

Les écailles, arrangées en spirales, deviennent des aiguilles plates lorsque la croissance est rapide.

L'écorce fibreuse du séquoia est résistante au fer.

SEMIS ET ENTRETIEN

Semez en avril-mai dans un terreau sableux, puis couvrez de 0,5 cm et gardez humide. Ombrez légèrement le premier mois. L'espèce est facile d'entretien. Surélevez le lit de germination pour faciliter l'arrachage du pivot.

Hauteur	60 à 90 m	T.E. graine mûre	10 à 25 %
Durée de vie	3500 à 4000 ans	T.E. d'entreposage	6 à 10 %
Âge reproductif	20 ans	Temp. entreposage	-20 °C
Date de floraison	avril-mai	Viabilité	20 ans et +
Date de récolte	août-septembre	Taux de germin.	30 à 40 %
Poids 1000 graines	5,6 g	Âge de plantation	1+0 ou 2+0
Type de dormance	sans ou secondaire		

FAMILLE DES ROSACÉES

SORBIER DES OISELEURS

Sorbus aucuparia L.

Type de fruit

Le sorbier des oiseleurs borde nombre de rues. C'est un petit arbre aux feuilles composées et aux fruits décoratifs, les alises. On en fait des liqueurs alcoolisées. L'espèce est pionnière à l'état sauvage et prépare l'établissement du sapin et de l'épicéa. Elle résiste bien au froid et supporte une saison de croissance très courte. Essence boréale de pleine lumière à l'enracinement peu important, elle se rencontre jusqu'à 2300 m d'altitude, sur sols pauvres bien à imparfaitement drainés, calcaires comme siliceux.

Le sorbier des oiseleurs ne vit pas très longtemps.

REPRODUCTION

Le sorbier des oiseleurs fait des corymbes de fleurs complètes, pollinisées par les insectes. Les graines sont dispersées par les grives qui semblent se saoûler des fruits l'automne et l'hiver. L'espèce fait des cépées lorsque le tronc est coupé.

Le bois de sorbier est très flexible. Lorsque l'arbre atteint 5 à 7 mètres de hauteur, la tige ne supporte plus son poids et l'arbre penche.

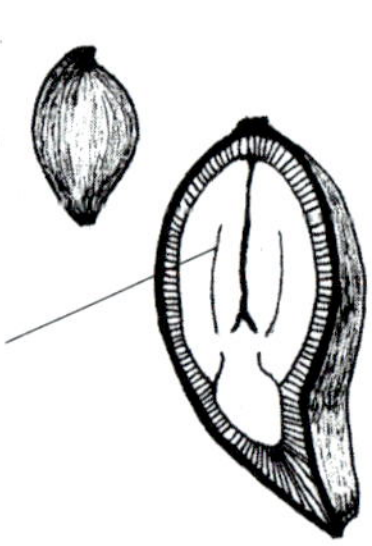

Embryon dans son tégument.

GERMINATION ET CROISSANCE

La germination, épigée, a lieu 1 à 3 ans après la floraison. Les semences supportent bien l'assèchement mais sont profondément dormantes à maturité. La croissance est relativement lente (8 m en 20 ans).

RÉCOLTE ET ENTREPOSAGE

Récoltez les fruits sur l'arbre. S'ils sont trop verts, mettez-les à fermenter en tas. S'ils sont mûrs, faites-les macérer quelques jours dans l'eau chaude. Écrasez-les et séparez les graines de la pulpe par flottaison ou par ventilation après séchage. Pour une conservation à long terme, entreposez sec et frais. Pour un semis au printemps suivant, stratifiez directement.

PRÉGERMINATION

Stratifiez 2 à 4 mois dans le sable, jusqu'à ce que la germination commence au frais. Une dormance secondaire s'installe quand les graines insuffisamment stratifiées sont exposées à la chaleur. Testez la germination en 4 semaines, avec 8 h de lumière durant la période chaude, dans le sable ou sur papier buvard, à température constante (20 °C) ou à températures alternées (16 h à 3 °C et 8 h à 20 °C).

Les alises persistent l'hiver et servent de nourriture aux oiseaux.

SEMIS ET ENTRETIEN

Semez les graines fraîches en octobre et les graines prétraitées en mars. Le semis de fruits séchés est peu efficace. Semez les graines avec le sable de stratification, dans un sol fertile et bien drainé. Couvrez de 2 ou 3 mm. Gardez bien humide car l'assèchement renverse l'effet de la stratification.

ESPÈCES SEMBLABLES

Le genre *Sorbus* compte autour de 80 espèces, la plupart sans importance économique, réparties en 2 groupes : les sorbiers, aux feuilles composées, et les alisiers, aux feuilles simples. L'alisier torminal est très valorisé pour son bois. En l'absence d'information détaillée, on présume que *S. aucuparia* est représentatif du genre.

Divers alisiers arbustifs sont utilisés à des fins ornementales dans les parcs et les jardins.

Hauteur	10 à 15 m	T.E. graine mûre	non déterminé
Durée de vie	80 à 120 ans	T.E. d'entreposage	6 à 8 %
Âge reproductif	10 à 15 ans	Temp. entreposage	+1 à +3 °C
Date de floraison	mai-juin	Viabilité	8 ans
Date de récolte	septembre	Taux de germin.	60 à 90 %
Poids 1000 graines	3,5 g	Âge de plantation	1+1 ou 2+0
Type de dormance	physiologique		

FAMILLE DES TAXACÉES

IF

Taxus baccata L.

Type de fruit

Le bois d'if est un bois de qualité dont on faisait jadis les meilleurs arcs de combat. L'espèce résiste à la pollution atmosphérique. Les aiguilles plates sont molles et les stomates ne sont pas apparents à l'endos. Le tronc a l'air musclé et le bois n'est pas résineux. Très tolérant à l'ombre, l'if préfère les climats humides et les sols calcaires, bien drainés et riches en matière organique, mais reste très adaptable. C'est une essence de plaine et de colline qu'on retrouve jusqu'à 1800 m d'altitude, et dont l'enracinement, profond et étendu, est sans doute oblique. Les arbres sont toxiques.

REPRODUCTION

Les arbres sont soit mâles, soit femelles. Les cônelets sont composés d'une seule écaille charnue, l'arille, qui enveloppe une graine unique. Les fleurs sont pollinisées par le vent et les fruits sont mûrs à l'automne. Ils sont mangés par certains oiseaux qui digèrent la pulpe et disséminent la graine intacte avec leurs fientes. L'espèce rejette de souche et répond bien à la taille.

Fleurs mâles et femelles.

Embryon dans son tégument.

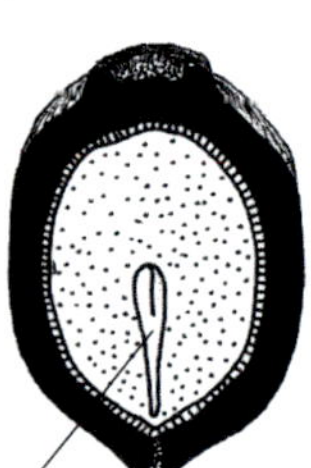

embryon

arille (échelle : x 1)

GERMINATION ET CROISSANCE

La graine, très huileuse, souffre d'une dormance profonde. Dans la nature, la germination, épigée, a lieu au moins 2 ans après la floraison. La croissance est très lente.

RÉCOLTE ET ENTREPOSAGE

Récoltez les fruits mûrs sur l'arbre. Faites-les macérer 5 jours dans l'eau chaude, écrasez-les, séparez la pulpe des graines par flottaison, puis frottez-les dans un sac de sable. Entreposez les graines en stratification.

L'if peut vivre très vieux. Sa sève n'est pas résineuse mais elle contient un poison dangereux, la taxine.

L'endosperme des graines d'if est très huileux et toxique mais l'écaille charnue est comestible pour les oiseaux.

PRÉGERMINATION

Stratifiez les graines 3 à 6 mois à 20 °C puis 2 à 4 mois au frais. Testez la germination en 4 semaines sans lumière, dans le sable à températures alternées (16 h à 20 °C et 8 h à 30 °C).

SEMIS ET ENTRETIEN

Semez à l'automne juste après la récolte pour une germination sur 2 ans, ou au printemps, avec des graines stratifiées. Préférez un sol sableux fertile et bien drainé, mais gardé humide. Couvrez de 1 cm. Paillez si l'hiver est rude et ombrez l'été.

ESPÈCES SEMBLABLES

Le genre *Torreya* (6 espèces) est très proche de l'if (8 espèces), mais ses aiguilles sont plus longues et ses fruits ressemblent à des olives. Les noyaux germent très lentement et se conservent mal. Le tégument ligneux est perméable, l'endosperme périssable et l'embryon immature. À défaut d'une procédure mieux définie, stratifiez à 20 °C puis à 3 °C et entreposez en stratification fraîche.

Hauteur	10 à 15 m	Temp. entreposage	3 à 5 °C
Durée de vie	2000 ans +	Viabilité	3 à 5 ans
Âge reproductif	30 ans	Taux de germin.	50 à 70 %
Date de floraison	mars-avril	Âge de plantation	2+2 à 3+2
Date de récolte	septembre		
Poids 1000 graines	57 g		
Type de dormance	embryonnaire-tégumentaire		
T.E. graines mures	10 à 20 %		
T.E. entreposage	10 à 20 %		

FAMILLE DES PINACÉES

THUYA GÉANT

Thuja plicata Donn.

Type de fruit

Originaire de la côte ouest de l'Amérique du Nord, le thuya géant ressemble au thuya occidental (originaire de la côte est) dont on fait des haies. Les ramilles écailleuses ont une section plate et sont arrangées sur un même plan, quoique l'effet soit moins prononcé que chez le *Chamaecyparis*. Les feuilles sont aromatiques, le bois est durable et l'écorce se détache en lanières verticales. Essence d'ombre, le thuya géant préfère les climats océaniques et les terreaux argileux ou organiques mal drainés. Il supporte le calcaire mais préfère les sols acides. Son enracinement est superficiel et étendu. Il existe 6 espèces de thuya et de nombreux cultivars, qui proviennent surtout du thuya occidental.

Thuya d'une quinzaine d'années.

Embryon dans son tégument (échelle : x 10).

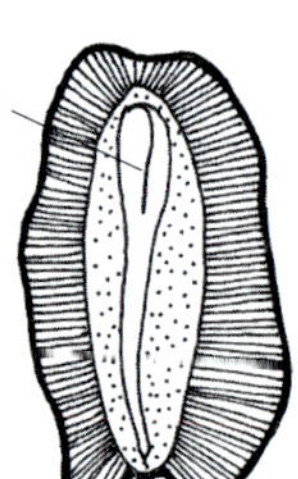

coupe transversale

REPRODUCTION

Le thuya fait des chatons mâles et des cônelets femelles sur le même arbre. La pollinisation et la dispersion des graines sont effectuées par le vent et les fruits sont mûrs en août-septembre. L'espèce se reproduit aisément par marcottage.

GERMINATION ET CROISSANCE

La germination est épigée, au premier printemps après la floraison. Les graines, non dormantes à maturité, développent une dormance secondaire lorsqu'elles sèchent ou sont entreposées longtemps. Les feuilles sont en forme d'aiguilles durant la première année et la croissance des tiges est lente.

RÉCOLTE ET ENTREPOSAGE

Récoltez les cônes sur l'arbre lorsqu'ils sont jaune cannelle et que la dispersion commence. Ils s'ouvriront naturellement après un séchage d'une semaine à température ambiante, ou de 1 ou 2 jours à 40 °C. Extrayez la semence au moyen d'un sac-tambour, ou en broyant les cônes et en séparant les débris par ventilation. Les graines fertiles sont peu nombreuses. Entreposez en vrac, sec et scellé, au frais ou au froid selon la durée de conservation désirée.

Le thuja géant est très proche du thuja occidental, largement employé pour composer des haies.

L'écorce pèle en longues lanières fibreuses et verticales.

PRÉGERMINATION

Stratifiez les graines 1 ou 2 mois dans le sable, à moins qu'un test de germination n'ait montré qu'elles ne sont pas dormantes. Si elles ont été congelées, ramenez-les à la température ambiante progressivement. Testez la germination sur papier buvard, avec lumière durant la période chaude, en 3 semaines à températures alternées (16 h à 20 °C et 8 h à 30 °C), ou à température constante (20 °C avec 8 h de lumière par jour).

SEMIS ET ENTRETIEN

Semez les graines stratifiées au printemps, ou sans prétraitement à l'automne, dans un sol limoneux ou organique maintenu bien humide. Couvrez de 0,3 à 1 cm. Paillez le semis d'automne, et celui de printemps si les températures sont basses. Ombrez la première année.

Hauteur	60 m (max)	T.E. graine mûre	15 à 30 %
Durée de vie	350 à 1000 ans	T.E. d'entreposage	7 à 10 %
Âge reproductif	20 à 35 ans	Temp. entreposage	-20 à +3 C°
Date de floraison	avril-mai	Viabilité	5 à 10 ans
Date de récolte	septembre	Taux de germin.	30 à 60 %
Poids 1000 graines	1 g	Âge de plantation	2+0 à 3+1
Type de dormance	sans ou secondaire		

FAMILLE DES TILIACÉES

TILLEUL À PETITES FEUILLES

Tilia cordata Mill.

Type de fruit

Le tilleul pousse en général disséminé. Les feuilles en forme de cœur, aux nervures apparentes, les rameaux en zig-zag et les bourgeons globuleux sont caractéristiques. Le bois blanc flotte comme du liège lorsqu'il est bien sec et se sculpte à merveille. L'écorce fibreuse servait à faire des cordages et les fleurs sont encore utilisées en infusion pour leurs propriétés calmantes. Essence de demi-lumière et de plaine et de colline, il préfère les climats continentaux et les sols argileux bien à modérément bien drainés. Son enracinement est profond et étendu (probablement oblique) et le genre compte une trentaine d'espèces.

Tilleul quinquagénaire

Le tilleul est une espèce qux usages multiples : on fait des cordes avec l'écorce, on sculpte le bois et on utilise les fleurs et l'écorce interne pour leurs vertus médicinales.

REPRODUCTION

Les fleurs en cymes, montées sur une bractée, sont complètes et odorantes et sont pollinisées par les insectes. Le fruit est une capsule contenant 1 ou 2 petites noix (techniquement, ce sont des graines véritables) qui sont dispersées l'année de la floraison par le vent, ou par les animaux qui s'en nourrissent. Les arbres abattus font des cépées.

Embryon dans son tégument (échelle : x 8).

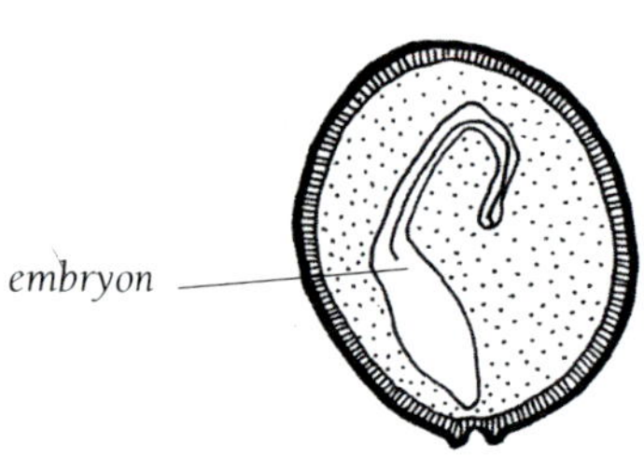

GERMINATION ET CROISSANCE

La germination, épigée, se fait au 2e ou 3e printemps après la floraison. Les semences supportent l'assèchement mais sont profondément dormantes à maturité. Le péricarpe et le tégument contribuent à la dormance et la croissance des tiges est lente (10 m en 20 ans).

RÉCOLTE ET ENTREPOSAGE

Récoltez les capsules soit en vert au mois d'août, sitôt l'embryon formé mais avant l'épaississement du tégument, soit en octobre après les premières gelées. En août, vous devrez récolter sur l'arbre, trier à la main et semer ou stratifier immédiatement. En octobre, récoltez à la main, à la gaule ou par secouage, et triez par broyage et ventilation. Éliminez les péricarpes rendus mous par quelques semaines de stratification nue, puis au besoin, faites sécher les graines 10 jours à 20 °C, et entreposez en vrac, sec et frais ou froid.

Les inflorescences de tilleul ont des vertus calmantes et sont utilisées en infusion.

PRÉGERMINATION

Scarifiez les graines ou stratifiez-les 4 mois à 25 °C. Stratifiez-les ensuite 14 à 18 semaines à 3 °C. La phase chaude peut être subie avec le péricarpe et sans médium. Les graines qui réagissent au traitement frais prennent une couleur brun rouge lustré. Si vous scarifiez, prenez garde car le tégument est très fin. Testez la germination durant 3 à 5 semaines dans le sable sans lumière, à températures alternées (16 h à 3 °C et 8 h à 20 °C).

SEMIS ET ENTRETIEN

Semez les graines vertes en août et les graines stratifiées en avril, dans un terreau limoneux gardé humide. Couvrez de 1 ou 2 cm. Un ombrage peut être bénéfique durant la première année.

Hauteur	25 à 40 m	T.E. graine mûre	12 à 16 % en octobre
Durée de vie	500 ans (max. 2500 ans)	T.E. d'entreposage	10 %
Âge reproductif	20 à 30 ans	Temp. entreposage	-10 à -3 C°
Date de floraison	juin-juillet	Viabilité	5 ans et +
Date de récolte	août ou octobre	Taux de germin.	5 à 25 %
Poids 1000 graines	40 g avec capsules	Âge de plantation	2+0 ou 3+0
Type de dormance	tégumentaire et physiologique		

FAMILLE DES ULMACÉES

ORME CHAMPÊTRE

Ulmus campestris Mill.

Type de fruit

Les feuilles ovales de l'orme champêtre ressemblent à celles du charme, mais leur base est asymétrique, leur marge doublement dentée et leur surface rugueuse. Les rameaux portent souvent des crêtes ligneuses. L'espèce est sévèrement affectée par une épidémie de graphiose, un champignon qui envahit les canaux de sève. Essence de lumière, de plaine et de colline calcaires, l'orme pousse naturellement isolé au bord de l'eau, s'épanouissant sur les terreaux argileux ou limoneux profonds imparfaitement à modérément bien drainés. Il préfère un climat doux et humide. Son enracinement oblique porte des racines secondaires traçantes.

Orme septagénaire.

L'orme porte souvent des gourmands sur le tronc.

REPRODUCTION

L'orme champêtre fleurit avant de faire ses feuilles. Les fleurs, minuscules et parfaites, sont pollinisées par le vent et mûrissent en 2 mois. Les samares, très légères, sont dispersées par le vent ainsi que par l'eau, sur laquelle elles flottent comme des nénuphars. L'orme fait des cépées lorsqu'il est coupé.

samare (échelle : x 1)

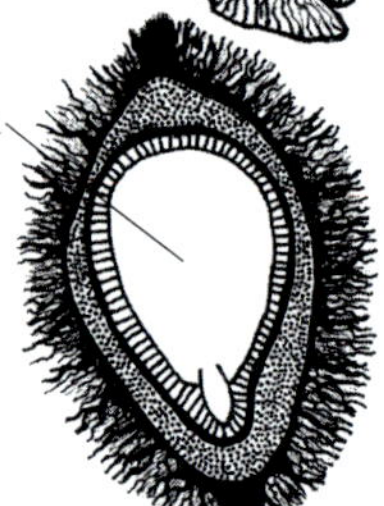

Embryon dans son péricarpe.

GERMINATION ET CROISSANCE

Les graines sont sans dormance et la germination épigée a lieu immédiatement. Lorsque les conditions sont favorables à la conservation, certaines graines deviennent dormantes et germent au printemps suivant. Les semences supportent l'assèchement et la croissance est rapide.

RÉCOLTE ET ENTREPOSAGE

Récoltez les samares au sol, sur l'arbre ou sur l'eau. Faites sécher en surface si les graines sont mouillées. Séparez les débris à la main et gardez les samares saines. Semez rapidement ou faites sécher pour entreposer.

Les feuilles d'orme ont une base asymétrique qui les différencie de celles du charme.

PRÉGERMINATION

Avant de semer immédiatement, immergez partiellement les graines 1 à 3 jours dans une assiette. Stratifiez les graines séchées 2 à 3 mois dans le sable. Testez la germination 15 jours avec 8 h de lumière par jour, sur papier buvard ou bloc de plâtre à température constante de 20 °C.

La floraison de l'orme est printanière et les graines sont dispersées en juin de la même année.

SEMIS ET ENTRETIEN

Semez en juin-juillet, dans un sol sableux ou limoneux, avec une couverture de 3 à 5 mm de sable, pour laisser passer la lumière. Gardez le sol très humide jusqu'à l'émergence des plantules, ce qui accroît le risque de fonte des semis.

ESPÈCES SEMBLABLES

Il existe une vingtaine d'espèces d'ormes. Certains ont des graines qui mûrissent en début d'été, d'autres à l'automne. La plupart des semences d'été sont sans dormance, alors que celles d'automne doivent impérativement être stratifiées. Les espèces dormantes incluent notamment *U. americana*, *U. rubra*, *U. serotina* et *U. crassifolia*.

Hauteur	25 à 50 m	T.E. graines mures	15 à 40 %
Durée de vie	500 ans	T.E. entreposage	10 %
Âge reproductif	15 ans	Temp. entreposage	+3 à +5 °C
Date de floraison	mai-juin	Viabilité	1 à 3 ans
Date de récolte	juillet-août	Taux de germin.	10 à 50 %
Poids 1000 graines	12 g	Âge de plantation	1+0
Type de dormance	physiologique secondaire		

AUTRES ESPÈCES

type de fruit

AUTRES ÉRABLES

Le genre compte près de 150 espèces, monoïques, dioïques ou polygames. Le gros des semences, à germination épigée, sont physiologiquement dormantes et se conservent à une T.E. de 10-15 %, sauf *A. pseudoplatanus*, *A. saccharinum* *A. cappadocicum* et *A. sieboldianum*, qui sont très conciliants. Certains (*A. rubrum*), mûr au printemps, sont sans dormance.
A. ginnala, *A. negundo* et *A. circinatum* souffrent d'une dormance tégumentaire qu'une immersion froide peut lever, et le dernier, comme *A. campestre* et *A. glabrum*, bénéficie d'une stratification chaude avant d'être stratifié au frais. *A. macrophyllum* se conserve entre 2 et 7 °C.

type de fruit

AUTRES FRÊNES

Le genre *Fraxinus* comprend près de 60 espèces surtout dioïques, mais parfois polygames ou à fleurs complètes. La plupart de fruits sont mûrs à l'automne, avec quelques exceptions estivales. La dormance est souvent embryonnaire, sauf chez *F. velutina*, *F. uhdei*, *F. pennsylvanica*, *F. profunda*, *F. dipetala* et *F. caroliniana*, pour lesquels la stratification fraîche suffit.

type de fruit

AUTRES PINS

Principal genre de conifères, le *Pinus* compte plus de 90 espèces et de nombreux cultivars. La plupart de cônes murissent 1 an et demi après la floraison, sauf chez *P. pinaster* et *P. pinea*. Les cônes sont parfois persistants, ou même sérotineux (*P. banksiana*, *P. rigida*, *P. attenuata*). Ceux de *P. albicaulis* et *P. cembra* ne libérent leur semence qu'en se décomposant. La dormance, physiologique, est souvent légère à modérée, mais peut être profonde (*P. strobus*, *P. lambertiana*, *P. armandii*, *P. flexilis*, *P. monticola*, *P. balfouriana*, *P. attenuata*, *P. patula*). Elle est aussi tégumentaire chez *P. peuce* et *P. sabiniana*, ou embryonnaire chez *P. koraïensis*, *P. parviflora* et *P. sibirica*. Chez *P. cembra*, elle est triple et très profonde.

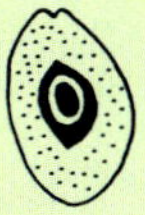

type de fruit

AUTRES PRUNUS

Le genre *Prunus* regroupe autour de 200 espèces fruitières (prunes, abricots, amandes, pàches, cerises) et de nombreux cultivars. La graine est enveloppée d'un péricarpe ligneux, mais perméable et la germination est épigée comme hypogée. En règle générale, l'entreposage est possible à une T.E. de 15 %, et la dormance, physiologique et légère à modérée lorsque les fruits maturent en 80 jours, est profonde et embryonnaire lorsqu'ils maturent en 60 jours.

type de fruit

AUTRES CHÊNES

Avec près de 250 espèces, le chêne est le principal genre de feuillus des régions tempérées. Une quarantaine d'espèces se rencontrent en France. La germination est hypogée et les graines sont récalitrantes. On distingue le groupe des chênes dit blancs, qui sont sans dormance, et celui des chênes dit noirs, qu'une stratification de 4 à 6 semaines peut faire germer (*Q. rubra*, *Q. palustris*).

type de fruit

LES TAXODIACÉES

Les Taxodiacées sont une famille fossile regroupant une dizaine de genres n'ayant souvent qu'une espèce. Leurs semences tolèrent l'assèchement.

Le séquoia (mûr en septembre) et le méta-séquoia (décembre-janvier) sont sans dormance.

Le *Taxodium* murit en novembre : immergez ses graines 5 minutes dans l'alcool éthylique et stratifiez-les 90 jours. Stratifiez le *Cryptomeria* (mûr l'été) pour 2 ou 3 mois, et le *Sciadopitis* à dormance embryonnaire (mûr l'automne) 3 mois à 20 °C, puis 3 mois à 5 °C. Il répond aussi au marcottage, comme le *Metasequoia*.

A N N E X E S

Glossaire
Arborétums et parcs à visiter
Index
Remerciements
Crédits photographiques

GLOSSAIRE

A

Aiguille : feuille étroite, pointue, de section plate à ronde, beaucoup plus longue qu'elle n'est large (feuille du pin ou de l'épicéa par exemple).

Angiosperme : plante dont les ovules sont abrités par un péricarpe. Presque tous les feuillus sont des angiospermes. *Voir aussi* Gymnosperme.

Anthère : partie de l'étamine contenant le pollen.

Aubier : ensemble des cernes extérieures servant au transport de la sève brute. L'aubier comprend le bois des 5 à 30 dernières années.

Auto-fertilisation : fécondation des ovules d'une plante par le propre pollen de celle-ci.

B

Baie : fruit charnu sans carpelles ne s'ouvrant pas spontanément, et contenant plusieurs graines dont l'enveloppe externe peut être un tégument ou un péricarpe ligneux.

Bogue : mot d'origine bretonne désignant l'enveloppe couverte de piquants du marron et de la châtaigne.

Bois imputrescible : bois qui ne pourrit pas lorsqu'il est humide.

Bois incorruptible : *voir* Bois imputrescible.

Bourgeon : particule de méristème externe généralement protégée par des écailles, et située à l'extrémité des branches et au point d'attache des feuilles. Il se différencie par division cellulaire en ramille, feuilles, fleurs, bourgeons et cambium.

Bourgeons internodaux : bourgeons latéraux situés le long des pousses de l'année qui deviennent des branches secondaires. Typiquement présents chez l'épicéa, ils sont souvent absents chez le sapin.

Bouture : segment de pousse annuelle sur lequel on fait croître des racines, pour obtenir un plant gardant l'hérédité maternelle.

Bractée : petite feuille modifiée qui accompagne les écailles des cônes de résineux et parfois les fleurs de feuillus (bractée du tilleul par exemple).

Branchaison (patron de) : géométrie de la croissance des branches, déterminée par l'arrangement et le développement des bourgeons.

Brou : enveloppe externe de la noix de Grenoble, dont on peut faire une teinture brune. C'est un involucre et non un péricarpe.

C

Caduc (m), caduque (f) : qui tombe chaque année (par exemple les feuilles du hêtre).

Cambium : couche de méristème située entre l'écorce et le bois. Différencié à partir de celui du bourgeon, ce méristème spécialisé ne peut produire que du bois ou du liber.

Capsule : fruit sec à une ou plusieurs loges, s'ouvrant spontanément à maturité pour libérer une ou plusieurs graines.

Carpelle : pistil simple à une loge (samare d'orme) une unité d'un pistil composé (châtaigne, quartier d'orange) ; une écaille de cône.

Cépée : ensemble de tiges provenant des rejets d'une même souche. Les pousses croissent à partir de bourgeons enfouis et réactivés.

Cernes : cercles concentriques visibles sur la section transversale d'une tige. Chaque cercle représente une année de croissance.

Chaton : inflorescence généralement composée de petites fleurs simples et unisexuées, compactes, autour d'un axe central allongé.

Chromosome : organe cellulaire agissant comme support matériel de l'hérédité. Le nombre et la forme des chromosomes varient selon l'espèce, alors que l'information qu'ils contiennent varie selon l'espèce et l'individu. Chaque cellule d'un individu en porte un double jeu, sauf les cellules reproductives qui n'en portent qu'un jeu simple.

Climax : état d'équilibre entre sol et végétation, où l'accumulation de matière végétale est optimale et où les espèces présentes sont stables sur le site. *Voir aussi* Espèce pionnière.

Clone : groupe d'individus ayant la même hérédité, pouvant être étendu, et propagé asexuellement à partir d'un original unique.

Collet : ligne de séparation entre le tronc et les racines d'une plante.

Cône : inflorescence ligneuse des conifères, composée d'écailles arrangées sur un axe central et portant des graines nues.

Cône sérotineux : cône dont les écailles sont maintenues fermées par de la résine et ne s'ouvrent que sous l'action de la chaleur.

Cônelet : précurseur floral du cône, qui garde sa structure mais se lignifie et grossit parfois beaucoup en mûrissant.

Corymbe : inflorescence en bouquet dont les fleurs sont situées sur un même plan et sont portées par des pédoncules attachés à des niveaux différents d'un axe central.

Cotylédon : lobe charnu ou foliacé de l'embryon, servant à nourrir la plantule en germination.

Cultivar : variété d'une espèce obtenue par cultivation et sélectionnée pour des caractéristiques particulières.

Cupule : petite coupe composée de bractées coriaces et soudées qui enveloppe certaines noix partiellement (gland de chêne) ou complètement (faine de hêtre).

Cyme : inflorescence en bouquet dont les fleurs sont situées sur un même plan et sont portées par des pédoncules attachés en un même point, à l'extrémité d'un axe central.

D

Dioïque : du grec oïkos (maison), signifiant que les deux sexes sont sous des toits séparés, et qu'un individu donné ne porte donc que des fleurs mâles ou que des fleurs femelles. *Voir aussi* Monoïque.

Dormance : état de latence, lorsque la croissance est inhibée par des conditions climatiques ou physiologiques inadéquates. La graine sèche et l'arbre durant l'hiver sont dits dormants.

Drageon : tige provenant d'un rejet de racine superficielle. *Voir aussi* Cépée.

E

Élagage : action de couper les branches inutiles ou nuisibles d'un arbre. Les espèces répondant à l'élagage produisent des rejets.

Embryon : organisme en voie de développement, depuis l'œuf unicellulaire jusqu'à la réalisation d'une forme capable de vie autonome.

Endos : les feuilles plates ont deux faces, l'une exposée au soleil et l'autre (l'endos) servant aux échanges gazeux et à la circulation de la sève.

Endosperme : tissu qui enveloppe l'embryon dans la graine et qui en assure la nutrition.

Enracinement : action de prendre racines, déterminant la forme du système radiculaire.

Épigée/hypogée : du grec gé (terre) et épi (dessus) ou hypo (dessous). Type de germination où la croissance initiale est orientée vers le haut (épi), ou vers le bas (hypo).

Ergot : petite excroissance de l'écorce sur laquelle les aiguilles de certains résineux sont attachées (par exemple celles de l'épicéa).

Espèce : ensemble d'individus semblables par leur aspect comme leur habitat, féconds entre eux mais stériles avec un individu d'une autre espèce.
Espèce pionnière : dans la séquence de revégétation naturelle des sites dénudés, les espèces pionnières occupent transitoirement le site et préparent le terrain pour l'établissement d'autres espèces, plus stables ou climaciques. *Voir aussi* Climax.

Étamine : appareil génital mâle des plantes.

F

Faine : noix triface du hêtre. La faine est un carpelle dont l'enveloppe externe est un péricarpe.

Fécondation : union de deux cellules reproductives portant chacune l'hérédité parentale, l'une mâle et l'autre femelle, pour former un œuf unicellulaire contenant un embryon à l'hérédité propre.

Fertilisation : action d'améliorer le sol au moyen de fertilisants ; par extension, fécondation d'un ovule.

Feuillu : arbre qui possède des feuilles à limbe déployé (plates). À l'exception du gingko, les feuillus sont tous angiospermes.

Filet : pédoncule de l'anthère.

Fleur complète : fleur bisexuée portant pétales et sépales.

Fleur imparfaite : fleur unisexuée.

Fleur parfaite : fleur bisexuée.

Folioles : les petites feuilles d'une feuille composée (par exemple du frêne).

Fongicide : qui tue les fungi.

Fonte des semis : maladie des jeunes semis faisant fondre les tissus à hauteur du collet, et causée par des fungi.

Fumure : toute matière servant à fertiliser un sol (par exemple le fumier).

Fungi : la taxonomie reconnaît cinq royaumes, dont celui des plantes et des animaux. Les lichens et les champignons sont regroupés au sein du royaume des fungi.

G

Gemmule : petit bourgeon sur une plantule, à la base des cotylédons.

Genre : collection d'espèces semblables. Premier niveau taxonomique au-dessus de l'espèce, le genre fait partie du nom latin, un peu comme un nom de famille.

Germination :développement du germe contenu dans une graine, depuis l'ouverture du tégument jusqu'à la séparation des cotylédons.

Glabre : sans poils.

Grappe : assemblage étagé et plus ou moins conique de fleurs ou de fruits autour d'une tige commune.

Greffe : technique de reproduction asexuée où l'on insère sur un arbre (porte-greffe) une pousse (greffon) d'un autre individu.

Gymnosperme : plante dont les ovules sont nus. Les conifères, l'if et le gingko sont des gymnospermes.

H

Hérédité : caractères physiques, physiologiques ou moraux transmis des parents aux enfants. *Voir aussi* Chromosome.

Houppier : ensemble des branches, rameaux et feuillage surmontant le tronc.

Hypogée : *voir* Épigée.

I

Inflorescence : mode de groupement des fleurs sur une plante. Dans la grappe de raisins, chaque baie provient d'une fleur individuelle. Toutes ensemble, ces fleurs formaient une inflorescence.

Involucre : ensemble de bractées entourant une fleur ou une inflorescence.

L

Latex : émulsion à l'aspect laiteux, secrétée par certaines plantes.

Liber : tissu cellulaire assurant le transport de la sève élaborée. Le liber est aussi appelé écorce interne.

Limbe : partie principale, élargie et étalée d'une feuille, d'un pétale ou d'un sépale.

Lit de germination : sol dans lequel la graine germe. Le semis peut y rester quelques mois à plusieurs années.

Lobe : partie arrondie et saillante d'un organe (par exemple, la feuille d'érable à cinq lobes).

Lobe terminal : lobe portant l'extrémité de la feuille dans l'axe du pétiole.

M

Marcotte : branche tenant à l'arbre-mère qui, enfouie, prend racine et fait un rejet.
Médium : milieu, matière isolant les graines en entreposage.

Méristème : tissu cellulaire non différencié ayant la capacité de se reproduire ou de se diviser en tissu spécialisé.

Monoïque : du grec oïkos (maison), signifiant que les deux sexes sont sous le même toit, et qu'un individu porte des fleurs bisexuées ou/et des fleurs mâles et des fleurs femelles.

Mucron : petite pointe étroite et courte terminant une feuille à l'extrémité arrondie (par exemple, les folioles du robinier).

Mycorhize : association d'un micro-organisme avec les racines d'une plante. L'association peut être externe ou interne à la racine.

N

Nervure : filet creux, saillant et ramifié, situé à l'endos du limbe des feuilles plates et dans lequel est véhiculée la sève.

Nodule : radicelle de

légumineuse hypertrophiée par la présence d'une bactérie fixatrice d'azote atmosphérique. *Voir aussi* Mycorhizes.

O

Ovaire : partie renflée du pistil, contenant des ovules.

Ovule : cellule reproductive femelle, destinée à être fécondée.

P

Paillage : couverture de paille ou de débris organiques étendue sur un lit de germination pour protéger les graines ou les semis du froid.

Palmée : se dit d'une feuille dont les nervures sont arrangées radialement (par exemple celle du platane).

Panicule : inflorescence conique aux fleurs portées par un axe central (par exemple celle du marronnier).

Pédoncule : queue d'une fleur ou d'un fruit.

Pennée : se dit d'une feuille dont les nervures sont alternées sur un axe central, comme les barbes d'une plume.

Péricarpe : partie du fruit qui entoure la semence et qui est dérivée de l'ovaire du pistil.

Persistant : qui reste vert en toute saison ; qui reste sur l'arbre plus d'un an. *Voir aussi* Caduc.

Pétale : chacun des éléments limbaires de la corolle d'une fleur.

Pétiole : tige ou partie rétrécie reliant le limbe d'une feuille à la branche.

pH : coefficient caractérisant l'acidité ou la basicité d'un milieu. Un pH inférieur à 7 est acide, supérieur à 7 basique.

Pistil : appareil génital femelle des plantes.

Pivot : racine qui s'enfonce verticalement dans la terre.

Plantule : embryon de plante avant et durant la germination, toujours composé d'une radicule, tigelle, gemmule, et de cotylédons.

Pollen : poudre dont les grains sont des cellule reproductives mâles chez les plantes à fleurs.

Pollinisation : transport du pollen, des étamines d'une fleur jusqu'au stigmate d'une autre.

Polygame : se dit d'une espèce monoïque, lorsque des fleurs bisexuées et des fleurs unisexuées sont présentes sur un même arbre.

Porte-greffe : *voir* Greffe.

Pubescent : poilu.

R

Racine traçante : racine qui s'étend horizontalement.

Radicule : partie d'une plantule qui devient une racine.

Ramille : pousse de l'année.

Rejet : pousse provenant d'un bourgeon anormal et se développant sur une tige, une souche ou une racine.

Résineux : arbre gymnosperme riche en résine. À tort, on inclut souvent l'if, mais sa sève n'en contient pas.

S

Samare : petit fruit ailé à graine unique.

Semis à la volée : méthode d'ensemencement où les graines sont dispersées par un geste ample et courbe.

Semis en vert : ensemencement au moyen

de graines récoltées avant maturité.

Sépale : chacune des pièces du calice d'une fleur, enveloppant le bouton floral. Les sépales évoluent peu par la suite.

Sève brute : sève montant des racines, essentiellement composée d'eau.

Sève élaborée : sève descendant des feuilles, chargée en produits de photosynthèse.

Stigmate : partie terminale du pistil, collecteuse de pollen.

Stipule : petit appendice foliacé inséré par paire à la base du pétiole de certaines feuilles (par exemple de celles du saule).

Stomate : pores microscopiques dans l'épiderme de la feuille, par lesquels sont effectués les échanges gazeux.

Stratification : technique favorisant la germination, où des graines sont humidifiées lentement.

Style : partie du pistil intermédiaire entre l'ovaire et le stigmate.

Système radiculaire : ensemble des racines d'une plante.

T

Taxonomie : science de la classification des êtres vivants, et classification résultante.

Tégument : enveloppe externe des graines, d'origine ovulaire.

Terreau : mélange de particules de roche inférieures à 2 mm de diamètre (d'origine variable), pouvant contenir de la matière organique.

Tigelle : tige de plantule.

Tourbe : matière organique modérément acide se formant dans les tourbières par l'accumulation et la décomposition partielle d'une petite plante, la mousse de sphaigne.

Transplantation : action de déraciner une plante pour la replanter ailleurs.

V

Variété : sous-espèce dont les individus présentent un trait commun les différenciant des autres variétés de la même espèce.

Verticillé : attaché par plus de deux à une même hauteur sur la tige.

ARBORÉTUMS ET PARCS À VISITER

La visite des arborétums et des parcs est un moyen agréable de se familiariser avec les arbres.

Arborétum du château de Balaine
03460 Villeneuve-sur-Allier

Arborétum des Barres
45290 Nogent-sur-Vernisson

Arborétum de l'école du Breuil
Route de la Ferme
75012 Paris

Arborétum de Chèvreloup
30 route de Versailles
78150 Rocquencourt

Arborétum de la Fosse
Fontaine-les-Coteaux
41800 Montoire-sur-le-Loir

Arborétum des Grandes Bruyères
45450 Ingrannes

Arborétum de Grignon
78850 Thiverval-Grignon

Arborétum d'Harcourt
Château d'Harcourt
27800 Brionne

Château de Ferrières
77164 Ferrières-en-Brie

Château de Vauville
50440 Beaumont-sur-Hague

Jardin de l'Arquebuse
1 avenue Albert Ier
21000 Dijon

"La Nivelle"
Conservatoire du Houx
45130 Meung-sur-Loire

Parc de Canon
14270 Canon

Parc André-Citroën
75015 Paris

Parc floral de Paris
Bois de Vincennes
75012 Paris

INDEX

Les chiffres qui apparaissent en romain renvoient au texte. Les chiffres qui apparaissent en **gras** renvoient aux illustrations.

A

Abies alba 88-89, **88-89**
Abricot **42**
Acer platanoides 90-91, **90-91**
Aesculus hippocastanum 92-93, **92-93**
Acéracées 90
Agrégat **43**
Ailanthe 94-95, **94-95**
Ailanthus altissima 94-95, **94-95**
Aileron (des graines) 60
Akène **43**
Alise **63**, 158, **159**
Alisier 159, **159**
Alnus glutinosa 96-97, **96-97**
Angiospermes 28, **28**, 32
– fleurs 33
– fruits 58
voir aussi Feuillus
Anthère **32**
Après-mûrissement 54, **54**
Aquifoliacées 122
Araucaria 46, **74**
Arbre
– besoins 22
– définition 16, **16**
Arbre de Judée 108-109, **108-109**
Arbrisseau 16, **16**
Arbuste 16, **16**
Argile 26, **26**, 27, 75
Arrosage 81
Aubier 18, 19, **19**
Aulne 44, 50, 60
Aulne glutineux 96-97, **96-97**
Auto-fécondation 34
Avortement créatif 35, **35**

B

Baie 42
Banian indien 9
Basalt 27
Betula verrucosa 98-99, **98-99**
Bétulacées 96, 98
Bogue 33, 44
Bois
– bois d'aubier *voir* Aubier
– bois de cœur 18, 19, **19**
– fonction 18
– nature 18
Bouleau **31**, 35, 44, 50, **50**
– cône 58, **58**, 61, **61**
Bouleau verruqueux 98-99, **98-99**
Bourgeon 39, 80, **80**
Bouture 30, **30**
Bractée 33, **33**, **49**
Brou 33, 44, **53**
voir aussi Noyer

C

Calocedrus decurrens 100-101, **100-101**
Cambium 19, **19**, 31
Capsule **43**, 58
Carpelle 32, 35, 38, **38**
Carpinus betulus 102-103, **102-103**
Castanea sativa 104-105, **104-105**
Cèdre 58
Cèdre de l'Atlas 106-107, **106-107**
Cedrus atlantica 106-107, **106-107**
Cellule 12, 18
Cépée 31, **31**
Cercis siliquastrum 108-109, **108-109**
Cerisier
– fleur **32**
Cerisier sauvage *voir* Merisier
Cerne 17, **17**
Chamaecyparis lawsoniana 110-111, **100-111**
Champignon 65
Charme commun 102-103, **102-103**
Châtaignier 9, 24, 33, 35, **38**, 104-105, **104-105**
– châtaigne **56**
– graine 45
Chaton mâle **33**
Chêne 19, 32, 33, 34, 41, 49
– germination **51**
– gland **39**, **40**, 45
Chêne pédonculé **25**, 150-151, **150-151**
Chêne rouge 40
Chlorophylle 14, 48
Classification linnéenne 20-21
Climat 47, **47**

voir aussi Froid et Hiver
Climax 25
Clone 30, 31
Cognassier 134
Compétition 23, **23**, 25, 79
Cône **48**, **59**
– à écailles caduques **43**
– à écailles rayonnantes **43**
– de résineux 38
– extraction 60, **60**
– fleur **43**
– pomme de pin **43**
– séchage 58, **58**
– sérotineux 59, **59**
– sphérique **43**
Cônelet 28
Conifères 28, 44, 50, **50**
voir aussi Gymnospermes et Résineux
Conservation des graines 64-68, **64-68**
Corylacées 102
Cotylédon 39, **39**, 40
Croissance
– en diamètre 17, **17**
– en longueur 16, **16**
– hors saison 79
Cultivar 31
Cupressacées 100, 110, 112, 126
Cupressus sempervirens 112-113, **112-113**
Cupule 33, 44
Cuticule 15
Cyprès 59, 60, 112-113, **112-113**
Cyprès de Lawson 110-11, **110-111**

D

Désailage des graines 60, **60**
Diospyros lotus 114-115, **114-115**
Dispersion des graines 35, **35**, 54, **54**, 55, **55**
Division 21
Dormance 50, 69, 70
Douglas *voir* sapin de Douglas
Drageon 30 ,**30**
Drainage 27, **27**, 82

E

Ébénacées 114
Échauffement 56, 58
Éclairage 70, 77, **77**
– éclairage artificiel 78, **78**
voir aussi Lumière
Écorce
– externe 18, 19, **19**
– interne 18, 19, **19**
Écureuil 55, **55**
Embryon 33, 38, 39, **39**, 40
Endosperme 40
Engrais 47
Ensemencement 82
Entreposage des graines 66-68, **66-68**
Épicéa 19
Épicéa commun 138-139, **138-139**
Épinette noire 30 ,**30**
Érable 38, 60
Érable argenté 45
Érable plane 19, 90-91, **90-91**
Érable sycomore 45
Espèce
– définition 20
– espèce climacique 25, **25**
– espèce dioïque 32
– espèce monoïque 32
– espèce pionnière 25, **25**, **59**
– espèce polygame 32
Essence d'ombre 24, **24**
Essence de lumière 24
Étamine 32, **32**
Évapotranspiration 15
Extraction des graines 58-63

F

Fagacées 104, 116, 150
Fagus silvatica 116-117, **116-117**
Famille 21
Fertilisation 34
Feuillus
– séchage des fruits 58
voir aussi Angiospermes
Févier **44**
Filet **32**
Fleur 32, **32**
– femelle **29**
– mâle **29**
Floraison 46-47
Fongicide 42, 65
Fonte des semis 82
Forêt *voir* Peuplement
Fraxinus excelsior 118-119, **118-119**
Frêne 32, 35, 49, **49**, 50, **50**, 54, 60, **69**
Frêne commun 118-119, **118-119**
Froid
– conservation au froid 66
– dégâts dus au froid 47, **47**
voir aussi Hiver
Fruits 42, 43, **43**
– charnus 48, **48**, 63, **63**

– ligneux 48, **48**, 58-59, **58-59**
– macération 63, **63**
– maturation 48-49
– séchage 58-59

G

Gaule 54
Gelée 47, **47**
Gemmule 39, **39**, **51**
Genévrier 32, 42, 63
Genévrier de Virginie 126-127, **126-127**
Genre 20
Germination 51, **51**
– tests de germination 71-73, **71-73**
Ginkgo 32, **41**, 42, 45, 120-121, **120-121**
Ginkgo biloba 120-121, **120-121**
Ginkgoacées 120
Gourmand 31
Graines
– conservation 64-68, **64-68**
– dispersion 35, 54, **54**, 55, **55**
– entreposage 66-68, **66-68**
– extraction 58-63
– graines charnues 42, **42**
– graines récalcitrantes 45, **45**
– graines véritables 43, **43**
– nettoyage 56, 57, **57**
– récolte 54-55, **54-55**
– transport 56
Granite 27
Gymnospermes 28, **28**, 32
voir aussi Conifères et Résineux

H

Haricot **43**, 44, 58, **58**
voir aussi Légumineuses
Hérédité 28
Hêtre 24, 116-117, **116-117**
Hippocastanacées 92
Hiver 81, 82, 84, **84**
voir aussi Froid et Gelée
Houppier 16, 19, 54
Houx 122-123, **122-123**
Hybride 21

I-J-K

If 41, 42, 160-161, **160-161**
Illumination des graines 70
Inflorescence 33, **33**
Involucre 33, 44
Ilex aquifolium 122-123, **122-123**
Journal 52, 53, 57
Juglandacées 124
Juglans regia 124-125, **124-125**
Juniperus virginiana 126-127, **126-127**
Kaki **42**, 47

L

Larix decidua 128-129, **128-129**
Législation des graines 10-11
Légumineuses 108-109, **108-109**, 152
– graine 62, **62**
voir aussi Haricot
Lenticelles 14, **14**
Liber 18, **18**, 19, **19**
Libocèdre 100-101, **100-101**
Lignine 18
Limon 26, **26**, 75
Linné (Carl von) 20
Liriodendron tulipifera 130-131, **130-131**
Lit de germination 82
Lumière 13, 22, 23, 46, 50, 70, 71, 77, **77**
– essence de lumière 24
voir aussi Éclairage, Ombre, Photosensibilité

M

Macération des graines 63
Magnolia 34, **47**
Magnolia à grandes fleurs 42, 132-133, **132-133**
Magnolia grandiflora 132-133, **132-133**
Magnoliacées 130, 132
Maladies 65, **65**
Malus sylvestris 134-135, **134-135**
Marcotte 30 ,**30**
Marronnier 33, 34, **35**, 41
– cotylédons **39**
– germination **51**
– marron **40**, 45, **45**
Marronnier commun 92-93, **92-93**
Matière organique 26
Maturité
– des fruits 48-49
– des graines 53, **53**
Mélèze 25
– fleur **28**
Mélèze d'Europe 128-129, **128-129**
Merisier 146-147, **146-147**
– cotylédons **39**

– floraison 46
– fruit 38, 45
Méristème 19
Micorhize 25
Mimosa **52**
Minéraux 25
Moelle 19, **19**
Moisissure 42, 45, 65, **65**, 82
Moracées 136
Morus nigra 136-137, **136-137**
Mûre 42
Mûrier noir 136-137, **136-137**

N

Nettoyage des graines 56, 57, **57**
Noisette **57**
Noix **43**, 44
Noyer 33
– fleur **32**
– noix 35, 38, **41**, **53**
Noyer royal 124-125, **124-125**

O

Oléacées 118
Olivier **27**
Ombre
– essence d'ombre 24, **24**
– ombrage des semis 84
– tolérance à l'ombre 24, **24**, 25
voir aussi Lumière
Ordre 21
Orme 32, 35, 60
– floraison 46
Orme champêtre 24, 166-167, **166-167**
Ostrya 102
Ostryer 102
Ovaire 28, **32**
Ovule 28, 35, 38, 43

P

Paillage 84, **84**
Paulownia **55**
Péricarpe 38, **38**, 39, **39**, **41**
Perlite 76
Péroxyde d'oxygène 70
Pesticide 65
Pétale 32, **32**
Peuplement 22, **22**
Peuplier 30, 45, 49
– floraison 46
– graine 62
Peuplier tremble 144-145, **144-145**
Photosensibilité 50, 70
Photosynthèse **13**, 14, 40, 77, 78
Picea mariana 30 ,**30**
Picea abies 138-139, **138-139**
Pin 9, 24, **24**, 34, 35
– fleur **29**
– germination **51**
– graine **39**, **40**, **68**
– pomme de pin **44**
Pin cembro **20**
Pin de Banks 59, **59**
Pin de Weymouth 40
Pin maritime 46, 140-141, **140-141**
Pin pignon **21**, 46
Pin sylvestre 20, 24, 46
Pinacées 60, 88, 106, 128, 138, 140, 148, 162
Pinus aristata 9
Pinus pineaster 140-141, **140-141**
Pinus strobus 40
Pinus sylvestris 20
Pistil 28, 32, **32**, 35, 38
Plantation 85, **85**
Plaqueminier **42**, 114-115, **114-115**
Platanacées 142
Platane 44, 142-143, **142-143**
Platanus x acerifolia 142-143, **142-143**
Poids des graines 64
Poirier 134
Pollen 28, 34, **34**
Pollinisateurs 52
Pollinisation 34
Pomme 42, **43**
Pomme de pin *voir* Cône et Pin
Pommier 32, **33**, 35
– fruit 38, **38**
Pommier sauvage 134-135, **134-135**
Populus tremula 144-145, **144-145**
Pot 78, **78**
– mise en pot 79
Pourriture 65, **65**, 82
Prégermination 69-74, **69-74**
Prune 42, **42**, **43**
Prunus avium 146-147, **146-147**
Pseudotsuga menziesii 148-149, **148-149**
Pulpe 42, 63

Q-R

Quercus robur 150-151, **150-151**
Quercus rubra 40

Racines *voir* Système radiculaire
Radicule 39, **39**, 51, **51**
Récolte des graines 54-55
Rempotage 81
Reproduction
– sexuée 28, 29, 32-33
– végétative 29, 30-31, **30-31**
Réserves 39, **39**, 40, **40**
Résine 59
Résineux 42, 58
voir aussi Conifères et Gymnospermes
Respiration **13**, 14, 56
Robinia pseudoaccacia 152-153, **152-153**
Robinier faux-acacia **25**, 152-153, **152-153**
– graine 41, **41**
Roches 27
Rosacées 134, 146, 158

S

Sable 26, **26**, 27, 75, 76
Sac de sable 63, **63**
Sac tambour 60
Salicacées 144, 154
Salix alba 154-155, **154-155**
Samare 35, **43**, 44, **49**
Sapin de Douglas **49**, 148-149, **148-149**
Sapin de Vancouver **89**
Sapin pectiné 88-89, **88-89**
Saule 32
– graine 45, **45**, 62, **68**
Saule blanc 24, 154-155, **154-155**
Saule pleureur **155**
Savonnier **74**
Scarification 70
Séchage 58-59, 66
Semencier 52, **52**
Sépale 32, **32**
Séquoia 9, **9**, 60
Séquoia géant 156-157, **156-157**
Sequoiadendron giganteum 156-157, **156-157**
Sève
– brute 15, 18
– élaborée 14, 18, **18**, 47, **47**
Simaroubacées 94
Sol 26-27, 75, **75**, 76, **76**, 82, 83, **83**
– adaptation de l'arbre 24, **24**
Sorbier 42
Sorbier des oiseleurs 158-159, **158-159**
Sorbus aucuparia 158-159, **158-159**
Sphaigne (mousse de) 67, **67**
Stigmate 28, **32**
Stomate 14, 15, **15**, 19
Stratification 69, **69**
Stress 23, **23**, **27**
Style **32**
Système radiculaire 19, **19**

T-U-V

Tamis 62, **62**
Taxacées 160
Taxodiacées 156
Taxonomie 20-21
Taxus bacata 160-161, **160-161**
Tégument 38, **38**, 39, **39**, 41, **41**
Teneur en eau 64
Terre *voir* Sol et Terreau
Terreau 26, **26**, 75, 76, **76**
– terreau d'empotage **75**
Tests de germination 71-73, **71-73**
Thuja plicata 162-163, **162-163**
Thuya **53**
Thuya géant 162-163, **162-163**
Tigelle 39, **39**, 51, **51**
– levée des tigelles 80, **80**
Tilia cordata 164-165, **164-165**
Tiliacées 164
Tilleul 33, **33**, 54
– fruit **63**
– graine 62, **62**
Tilleul à petites feuilles 164-165, **164-165**
Tissu cellulaire 12
Tourbe 67, **67**, 76, 82
Transport des graines 56
Tremble *voir* Peuplier tremble
Tronc 16
Tulipier 130-131, **130-131**
Ulmacées 166
Ulmus campestris 166-167, **166-167**
Vermiculite 76, 82

Remerciements

La rédaction de cet ouvrage fut une aventure. Je remercie mon épouse, Ana, pour son amour, sa patience et sa compréhension. Je souhaite aussi remercier Dave Davies pour l'accès qu'il m'a donné à sa bibliothèque, ainsi que Jacqueline, Patrick et Philippe Javault, Armelle Hugueny, Carole H-Sterling, Jean-Pierre Sallard, Christine Worthington et les siens pour leur soutien logistique et moral. Merci à Fred Leplat et Manfred Duteil, pour leur soutien moral durant les longues heures nocturnes de dessin, à Jean Arbeille pour sa patience, et à Sylvie Daumal et Abigaïl Nunes, pour leurs efforts redoublés. *L'Ami des arbres* faisant suite à un projet d'ateliers en milieu scolaire (Je plante un arbre, Montréal, Canada), je souhaite aussi remercier ceux qui en ont rendu possible la conception de la maquette originale,ou lui ont donné crédibilité : merci à Catherine Larivain et à la Fondation Yves Rocher, sans qui *L'Ami des arbres* n'existerait définitivement pas. Merci au petit collège Stanislas, à Anne-Marie Dupont (C.É.C.M.), à Pierre St Cyr (C.S. La Riveraine) et à Réal Bisson (Mon milieu, mes arbres, Québec) pour leurs encouragements. Merci aussi à Peter Black (ALP Microsystèmes) et à Jacques Fauchier, pour leur soutien technique. Enfin, merci à ceux que nous aurions pu oublier.

Alain Sallard

Crédits photographiques

© Alain Sallard : p. 14 (les deux), 16, 17 (à droite), 18 (en haut), 34, 35, 36, 40 (les deux), 44 (les deux), 45, 49 (les deux), 53 (en haut), 56 (à droite), 58, 59, 60, 64, 66, 74, 83, 84 (en haut), 89, 93, 95 (les deux), 99, 101, 103, 107 (les deux), 109, 115 (les deux), 121, 127, 131, 135, 141, 143, 145, 147, 149, 151 (les deux), 155, 159, 163.
© Barbara Tannery : p. 29 (les deux), 91, 113, 199.
© MAP/A. et M. Breuil : p. 18 (en bas), 67 (en haut).
© MAP/Alain Guerrier : p. 129.
© MAP/Anne Breuil : p. 57
© MAP/Arnaud Descat : p. 6, 12, 24, 47 (les deux), 53 (en bas), 54, 55 (en bas), 77 (en bas), 97, 101, 125, 133, 165.
© MAP/Bernard Rebouleau : p. 55 (en haut).
© MAP/Fred Lamarque : p. 38, 41.
© MAP/Frédéric Didillon : p. 31, 76 (en haut).
© MAP/J.Y. Grospas : p. 39, 51 (les quatre à gauche), 153, 161.
© MAP/N. et P. Mioulane : p. 9, 17 (à gauche), 23, 46, 67 (en bas), 75 (en bas), 76 (en bas), 77 (en haut), 78, 79, 84 (en bas), 85 (les trois), 11, 123, 139, 157.
© MAP/Pascal Goetgheluck : p. 26, 27 (en bas), 65 (en haut), 105.
© MAP/P. Nief : p. 167
© MAP/Romain Mage : p. 27 (en haut).
© MAP/Yann Monel : p. 22, 51 (à droite), 56 (à gauche), 65 (en bas), 75 (en haut), 80, 82, 86, 137.

Ce livre a été imprimé sur un papier traité sans chlore.